AF501476

ÉMILE PIERRET

Vers la Lumière et la Beauté

ESSAI D'ESTHÉTIQUE SOCIALE

« Aux classes dirigeantes, il faut un cœur
» et des entrailles pour ceux qui gagnent
» leur pain à la sueur de leur front ; il faut
» mettre un frein à ce désir insatiable de
» richesses, du luxe et des plaisirs, qui, en
» bas comme en haut, ne cesse de se pro-
» pager de plus en plus. »

LÉON XIII. — *Disc. du 22 Oct. 1890.*

LA RENAISSANCE FRANÇAISE
52, PASSAGE DES PANORAMAS, 52
PARIS

VERS

LA

LUMIÈRE ET LA BEAUTÉ

DU MÊME AUTEUR

ROMANS

Premières Amours. — Lemerre, 1888, in-12.

Les Illusions du Cœur. — Perrin, 1892, in-12.

En Avant ! — Lemerre, 1894, in-12.

La Fin d'un Flirt. — Lemerre, 1896, in-12.

Un Ménage Moderne. — Lemerre, 1901, in-12.

Tentatrice. — Lemerre, 1906, in-12.

ÉTUDES SOCIALES

Le Relèvement National. La Patrie en Danger. — Perrin, 1900, in-12.

Le Relèvement National. L'Esprit Moderne. — Perrin, 1903, in-12.

Le Péril de la Race. (Ouvrage couronné par l'*Académie des Sciences morales et politiques.*) — 1907, in-12.

Vers la Lumière et la Beauté. — La Renaissance Française, 1909, in-12.

LITTÉRATURE, VOYAGES, BIBLIOGRAPHIE

Les Amantes célèbres. *Correspondance amoureuse* (1120-1874). — Perrin, 1897, in-16.

Harems et Mosquées (*Souvenirs d'Orient*). — Lemerre, 1898, in-12.

Voluptés d'Artiste (*Paris-Londres-Madrid*). — Lemerre, 1902, in-12.

Inventaire détaillé des Catalogues usuels de la Bibliothèque Nationale (Extrait de la *Revue des Bibliothèques et des Archives*. — Quantin, 1889, in-8°.

Essai d'une Bibliographie historique de la Bibliothèque Nationale. — Bouillon, 1892, in-8°.

ÉMILE PIERRET

Vers la Lumière et la Beauté

ESSAI D'ESTHÉTIQUE SOCIALE

« Aux classes dirigeantes, il faut un cœur
» et des entrailles pour ceux qui gagnent
» leur pain à la sueur de leur front; il faut
» mettre un frein à ce désir insatiable de
» richesses, du luxe et des plaisirs, qui, en
» bas comme en haut, ne cesse de se pro-
» pager de plus en plus. »

LÉON XIII. — *Disc. du 22 Oct. 1890.*

LA RENAISSANCE FRANÇAISE
52, PASSAGE DES PANORAMAS, 52

PARIS

AVANT-PROPOS

Jetant un coup d'œil rapide sur la table de nos chapitres variés, il se peut que le lecteur distrait ne saisisse pas très bien le lien cependant étroit qui relie ces études entre elles. C'est pour lui que nous avons écrit quelques lignes d'éclaircissement.

L'on a beaucoup disserté sur la beauté, sur ses origines et sur ses catégories. Il n'est guère de philosophe que son culte n'ait séduit, son mystère attiré, et son histoire est aussi riche que l'histoire de la philosophie elle-même. Tout différent de ces théories savantes est le modeste *Essai d'esthétique sociale* que nous avons l'honneur de présenter au public; modeste et pourtant prétentieux, car il n'ambitionne rien moins que faire passer dans la pratique, dans la vie vécue des hommes, de tous les hommes, des principes qui jusqu'ici n'ont pénétré dans l'existence que de quelques privilégiés, et sont surtout restés la lettre morte de vérités d'écoles et d'objets de musée.

C'est l'honneur de notre époque d'avoir changé l'ancien point de vue, et de s'intéresser davantage à la masse, à l'ensemble de la grande confrérie humaine, de vouloir avec plus de force et plus de sincérité, que chaque homme, dans une certaine mesure, sorte de la prison où le sort injuste l'a fait naître, et que partout un peu de la lumière et de la beauté emplissant le monde, filtre comme un rayon d'espoir jusqu'au cœur des plus humbles et des plus déshérités. L'on s'est avisé que non pas des théories savantes, mais de très humbles réformes métamorphoseraient l'ordre, ou pour mieux dire, le désordre social, auraient pour tous les hommes une merveilleuse vertu éducatrice; et l'on s'est mis à la tâche.

Comment, de quelle manière marcher vers un but encore si lointain, mais qu'il n'est pas impossible d'atteindre ? Quel chemin déjà a été parcouru en France et ailleurs ? Quels sont les moyens de rendre un peuple, une race, plus forts, plus vigoureux, plus beaux, plus intelligents ? Comment lutter d'abord contre la misère et donner à l'homme une habitation saine puis embellie, qui le moralise et l'élève à la connaissance, à la jouissance de la beauté avec la santé pour lui et sa famille ? Comment ramener l'habitant des villes au goût normal du plein air, de la campagne abandonnée ?

Comment préserver à la fois la beauté de ces villes et la beauté de ces campagnes, et faire respecter par des administrations ignorantes ou rapaces, les droits de chacun à sa part de soleil, de repos et de joie? D'un côté, les résultats acquis, de l'autre, ce qui laisse à désirer et reste à faire. Voilà ce que nous avons voulu étudier, expliquer et montrer dans les différents chapitres qui composent ce volume.

Nous sommes, il n'en faut pas douter, à l'aurore de temps nouveaux. Espérons que nous aurons su nous pénétrer assez tôt des idées propres à les éclairer, pour les conduire dans les véritables chemins du progrès, de l'apaisement, et d'une plus grande harmonie dans l'équilibre des individus comme dans les habitudes de la vie sociale.

LOGEMENTS INSALUBRES

ET

HABITATIONS A BON MARCHÉ

INDICATIONS BIBLIOGRAPHIQUES

La bibliographie des travaux concernant les habitations à bon marché est très étendue, et considérable le nom de leurs auteurs : MM. Villermé, Jules Simon, Georges Picot, Cheysson, Siegfried, P. Strauss, Raffalovitch, Fleury-Ravarin, etc., etc. Nous renvoyons aux listes déjà dressées par MM. Ferrand (bibliogr. française) et Cacheux (bibliogr. française et étrangère) dans les deux ouvrages suivants

L'*Habitation à bon marché*, par Lucien FERRAND, administrateur de la Société française des Habitations à bon marché. — Paris, Rousseau, 1906, in-8°.

Les Habitations ouvrières en tous pays, par Emile CACHEUX. — Ch. Béranger, 1904, 1 vol. in-4° et planches (2e éd.).

Consultez aussi les collections du *Bulletin de la Société française des Habitations à bon marché*, de la *Réforme Sociale*, etc.

La condition physique et morale des populations dépend intimement des combinaisons au moyen desquelles on parvient à assurer aux ouvriers la jouissance du logement. Ce genre de jouissance, en effet, contribue, plus que tout autre, à développer chez l'ouvrier le goût de la propriété et les sentiments moraux qui s'y rattachent.

LE PLAY, *La Méthode sociale.*

CHAPITRE PREMIER

LES BIENFAITS DE LA PROPRIÉTÉ

SOMMAIRE : Pourquoi la propriété est menacée en France. — Comment on fait des conservateurs. — Opposition de l'argent avec le « bien de famille ». — Le sentiment de Le Play.

I

Propriétaire ! Propriété ! L'homme et la chose, de nos jours, sonnent mal à l'oreille de bien des gens, et tous deux connaissent cette infortune d'ameuter contre eux les haines populaires. Autrefois, le propriétaire, à la longue redingote confortable, servait volontiers de cible aux traits malicieux des journaux satiriques, mais il n'en prenait cure. Pandore, à pied et à cheval, en sardine blanche, en jaune baudrier, était là, comme dans la chanson de Nadaud, pour :

> Garantir la propriété,
> Défendre les champs et la ville
> Du vol et de l'iniquité.

Le propriétaire était un homme heureux et content. On le jalousait, mais on le respectait, car, appuyé sur la maréchaussée, il était solide et représentait une force dans la constitution de l'État.

Aujourd'hui, le propriétaire et la propriété sont en but, non plus à d'innocentes plaisanteries, mais à l'hostilité déclarée d'une portion considérable de citoyens qui, ne croyant pas possible ou probable, pour eux, leur accession jusqu'à elle, jugent équitable de la détruire et de la supprimer pour tous, puisque tous ne peuvent en jouir. Cette idée, basée sur une conception particulière du principe d'égalité, fait son chemin, et non seulement la propriété ne s'affiche plus comme une prérogative heureuse, mais elle se cache plutôt comme une tare ou un vol, et s'avoue malaisément : phénomène inquiétant et antisocial, qui marque un retour ou une régression de l'humanité vers l'état sauvage, et dénonce, avec et après tant d'autres, l'état d'anarchie profonde des idées qui tourbillonnent dans les cervelles troublées de nos contemporains. Comme aux années sanglantes de la guillotine les « bergeries » étaient à la mode, et de même que l'on n'entendait parler alors que de cœurs et d'âmes « sensibles », ainsi avons-nous les oreilles rebattues, dans tous les discours et les pompes officielles, des mots de « fraternité », de « philanthropie », de « solidarité », « d'altruisme », et partout, cependant, nous voyons semer des germes de division, créer ou entretenir des ferments de discordes, exciter les mauvais instincts à la révolte et à la destruction.

Nous ne saurions donc trop honorer les hommes qui, fidèles à la grande tradition de Le Play et de son école, ayant su se soustraire aux mauvaises influences ambiantes, à la superstition des « faux dogmes » de la Révolution, ont continué à considérer la propriété et la famille comme la base et le fondement même de la société civilisée, et cherchent de toute manière à la protéger, à la constituer là où elle n'est pas encore, à la fortifier, à la sauvegarder là où elle menace de disparaître et de se désagréger. Parmi ces hommes, nuls ne sont mieux inspirés et ne travaillent davantage au bien de leur pays, que ceux qui s'appliquent à lui donner les solides et indispensables supports sapés à plaisir par tant de fous et de génies malfaisants, nous voulons dire les promoteurs du mouvement en faveur du logement ouvrier.

II

A propos de l'alcoolisme, à propos de la tuberculose, nous avons vu quelle était la détestable influence exercée par le taudis sur la famille de l'ouvrier (1). Il fait déserter l'homme qui lui préfère le cabaret où passe le plus clair de son salaire. En revanche, le bacille de Koch affectionne ces sentines, il s'y installe, s'y développe à merveille, et chasse à son tour la mère et les enfants emportés par la tuberculose. Ce n'est donc pas seulement pour augmenter le bien-être matériel du travailleur, que la nécessité s'impose de lui construire des maisons habitables, c'est pour lui permettre de vivre d'abord, et le moraliser ensuite. Dans cet ordre d'idées, les conseils, les homélies ne servent à rien ; l'argent de la charité amollissante — sauf en des cas exceptionnels — moins encore. Mais, par le fait positif que vous mettez un ouvrier dans ses meubles, que vous lui donnez les facilités matérielles de se loger dans des chambres saines, bien aérées et bien

(1) Emile PIERRET. — *Le Péril de la Race* (p. 258 et suiv.). Voyez aussi, dans l'ouvrage de M. FERRAND, la 1re partie sur l'*Insalubrité du logement*, son influence sur la santé publique, ses causes et ses conséquences morales.

ensoleillées, lui et sa famille, vous augmentez sa moralité, car vous créez en lui tout un ordre de sentiments sociaux élevés qu'il ignorait.

De nos jours, où la philosophie et la science ont si bien approfondi les origines de nos idées, si bien fouillé nos cerveaux et analysé nos âmes, tant étudié les répercussions chez l'homme, du physique sur le moral, on ne peut plus douter de l'influence certaine qu'exercent la propreté et l'ordre matériel sur les attributs correspondants des facultés supérieures.

Nous pouvons en juger par nous-mêmes lorsque nous sommes en voyage, par exemple. Qui de nous n'a maintes fois éprouvé l'effet déprimant de l'appartement meublé, de la chambre d'hôtel? Quel que soit son confort, ou même le luxe de son ameublement, elle nous paraît si vide, si ennuyeuse, si triste, qu'aussitôt la nuit passée et la toilette faite, nous la quittons en hâte jusqu'au soir. Trop heureux que la commodité récente des halls et des fumoirs nous dispense d'y remonter pour la correspondance. Pourquoi cela? Parce que nous sommes des étrangers dans cette chambre. Parce qu'arrivés de la veille, repartis demain, nous n'y trouvons et nous n'y laissons aucun souvenir. Nous ignorons tout de ses multiples habitants, des choses que nous y voyons comme des êtres qui y ont passé, et parce que rien ne nous y intéresse, tout nous y ennuie. Sa solitude nous attriste et nous oppresse ; nous sommes heureux, au contraire, d'y substituer l'animation de la rue et des salons, qui sollicite notre curiosité et nous distrait. Les salons, nous l'avons déjà marqué en parlant de l'alcoolisme, c'est le marchand de vin, le « débit » pour l'ouvrier. C'est là qu'il va, de son côté, pour se distraire, pour faire une partie de cartes ou de zanzibar, trouver des camarades et boire l'oubli. Car sa vie, à lui, n'est-elle pas un voyage perpétuel à travers les luttes et les difficultés de l'existence ? Cette chambre qu'il habite, est-elle donc pour lui plus qu'une chambre d'hôtel — de garni souvent — où les nécessités de son métier, ses changements de patron, ses difficultés avec le propriétaire aux échéances du loyer, les accroissements de famille, le contraignent de passer, de passer toujours, nomade et inquiet ! Et ce logement à court terme qu'il habite, quel confort, quel charme, quel agrément peuvent bien l'y retenir ? Aucun. Faute de place, faute d'organisation, tous les soins du ménage les plus intimes, les plus rebutants et les plus mal odorants, se pratiquent dans l'unique pièce où couche la famille entière, où se fait la cuisine, où s'épluchent les légumes, où s'accumulent les résidus et les détritus de tout espèces, au milieu des linges et des langes qui sèchent sur une corde, pendant que les enfants se disputent et crient, talochés par la ménagère à la main lourde, au verbe haut. Comment résister, dans ces conditions, à la tentation du cabaret hospitalier et joyeux ? Ainsi l'homme, au lieu de rapporter au logis sa paie intégrale, n'en retrouve que les deux tiers, la moitié, souvent moins, au fond de ses poches. Et fatalement, à mesure que les liens de la famille se relâchent, que le mari cohabite moins avec sa femme, demeure moins avec ses enfants, celui-ci se désintéresse d'eux davantage. Il se préoccupe moins de la misère de celle-ci, de l'avenir de ceux-là. A mesure qu'il devient plus pauvre et que pèse plus durement sur lui le poids de son mauvais destin, il se sent moins de courage pour lutter contre lui ; il se laisse aller à la dérive ; l'idée de ses devoirs se fait de plus en plus vague, de plus en plus pâle, dans le monde glacé de son esprit, comme un soleil de minuit sur les icebergs du pôle, et tout s'efface bientôt dans la nuit désolée de son être impuissant.

Bien au contraire, donnez au même individu une habitation, sinon luxueuse, sinon même très confortable, au moins convenable et propre, assez spacieuse pour que les plus gros inconvénients signalés disparaissent, et déjà vous retiendrez plus facilement cet homme à son foyer, car vous aurez créé celui-ci matériellement, et les vertus, les sentiments moraux qui découlent naturellement de ce centre d'affections représenté par la femme et les enfants, s'infiltrent à son insu et, par la force des choses, au cœur du père de famille. De plus, en l'écartant du cabaret, par ce seul fait vous faites jaillir au sein du foyer domestique une source féconde d'économie, peut-être de richesse véritable, car, dès lors, l'ouvrier, le travailleur régulier, réalise une double épargne, et par l'argent qu'il ne dépense pas au jour le jour, et par le chômage, la maladie, le manque à gagner, qu'il conjure dans l'avenir par les saines habitudes d'une sobriété constante, et qui sont le résultat inévitable, certain, de l'intempérance, de l'alcoolisme, la plaie du prolétariat actuel.

Dans ces conditions, et avec l'aide de certaines Sociétés de crédit et de constructions à bon marché, il n'est pas impossible, il peut devenir fréquent que l'ouvrier devienne lui-même propriétaire.

III

Propriétaire ! Que l'on ne s'y trompe pas. Au fond du cœur, c'est là le rêve d'un chacun. Quelles que soient les idées politiques professées par un individu, socialiste de telle ou telle école, ou simplement anarchiste, si vous arrivez à lui donner en toute propriété une petite maison — il n'est pas nécessaire qu'elle soit grande — avec quelques mètres de terrain autour, ce qu'il en faut pour édifier une cage à poules et planter deux arbres à fruits, alors vous pouvez vous dispenser de continuer vos objurgations. Vous l'avez convaincu. Il partage toutes vos idées (1). Il est devenu conservateur, car il a quelque chose à conserver. La propriété n'est pas une entité aussi métaphysique qu'il est devenu la mode de le croire, et comme le philosophe de l'histoire prouvait le mouvement par la marche, la propriété découvre ses titres par la possession. Et de ceci il ne faut pas sourire, car rien n'est plus juste, rien n'est plus « naturel » que la propriété acquise par le travail et par l'épargne.

Depuis son plus bas âge, l'homme manifeste par tous ses actes, par tous ses gestes, combien

(1) L'amour de la terre, chez le paysan, est un fait bien connu. Mais, chose curieuse à observer, l'amour de la propriété foncière parait beaucoup plus développé, à notre époque, dans les classes moyennes et basses de la population, que dans la classe haute et riche de la société. Nous n'en voulons pour preuve que ce fait qui prêterait à philosopher : La maison individuelle à bon marché, celle dont l'acquéreur devient propriétaire et l'unique habitant, est de plus en plus en faveur dans le monde des travailleurs, tandis que les hôtels particuliers sont de plus en plus délaissés pour les appartements par la bourgeoisie riche. — Les titres de Bourse en vente sur le marché français, composant les fortunes privées, figuraient dans les successions pour *80 millions* de francs en 1851 ; en 1900, pour *2 milliards 81 millions*. (Vte D'AVENEL, *La Bourse*.)

D'après M. MÉLINE, *Le Retour à la Terre*, on constaterait toutefois un commencement de réaction.

est vif en lui l'instinct, l'amour de la propriété, et cet instinct est tellement impérieux, que lorsque cette propriété vient à lui manquer plus tard, il en conçoit un si violent désespoir, une haine si violente pour la société où rien n'est à lui, qu'il préfère la détruire et se détruire avec elle, plutôt que de supporter sa pauvreté. Et être pauvre, qu'est-ce que cela, sinon ne pas posséder ?

IV

Mais encore, la nécessité s'impose ici de faire une distinction capitale entre la possession de sommes d'argent, et la propriété proprement dite ; entre l'argent qui s'acquiert et se dépense facilement, rapidement, ne donne que d'éphémères jouissances, et corrompt plus souvent qu'il ne moralise, et la propriété de la maison, de la terre, immeuble, stable, péniblement édifiée, gage assuré des patients labeurs et des lentes épargnes.

Le Play, avec cette justesse de vue et cette exactitude d'analyse qui distinguent toutes ses œuvres, avait eu soin de noter cette différence :

« Tel ouvrier, tel bordier, écrit-il, qui ne résistera pas à l'attrait des jouissances physiques qu'il peut se procurer immédiatement au moyen d'une somme d'argent, qui n'attachera à la conservation de cette somme aucune satisfaction personnelle, n'aura pas même la pensée de se procurer ces jouissances en aliénant sa chaumière, son jardin, son étable, et encore moins les animaux qu'il y nourrit. Souvent même on le verra, comme le paysan Russe et le mineur du Hartz, consacrer ses loisirs à orner sa demeure et trouver dans cette occupation la plus agréable diversion à son travail. *Cette différence profonde entre les sentiments éveillés par la possession du foyer domestique ou par celle d'une somme d'argent, est la conséquence des inclinations fondamentales de la nature humaine.* »

Il n'est donc pas exagéré de dire que la question de l'habitation, pour la classe ouvrière, de la construction des maisons à bon marché, constitue le nœud de la question sociale tout entière. Car pour nous, qui ne voulons pas nous payer de mots, et ne faisons pas profession de politique, il est bien évident et nous nous plaisons à le répéter et à le dire très haut, il est évident qu'à notre époque de philosophie positive et d'aspirations rien moins qu'idéales, les principes d'une politique, d'un régime politique quelconque, sont parfaitement indifférents à la masse de la population. Ce qu'elle désire, dans le fond, ce qu'elle veut conquérir — et l'on ne peut nier que cette ambition ne soit légitime — c'est sa place plus grande au soleil, c'est sa part plus large dans la distribution des biens de ce monde. Si nous la voyons se tourner avidement du côté de l'État, dont la caisse cependant commence à se vider, ce n'est pas par amour pour lui, c'est parce qu'elle attend de lui... beaucoup plus qu'il ne saurait donner.

En répandant la propriété parmi ceux qui la désirent davantage et la nient avec le plus d'énergie, soyons donc persuadés que nous contribuerons dans une très forte mesure à la consolidation de l'ordre social et au recrutement de ses défenseurs les plus convaincus.

La question du logement ouvrier, de l'habitation à bon marché, comporte une distinction fondamentale, à savoir la construction de *maisons collectives*, et la construction de *maisons individuelles*, les premières faites pour donner à l'ouvrier un logement propre et sain, moyennant un loyer qui ne dépasse pas les forces de son modeste budget, les secondes bâties pour devenir son entière propriété.

Grave question, compliqué problème, car l'on se trouve ici placé en face d'une antinomie telle, qu'elle semble tout d'abord rejeter la solution dans le domaine des rêves de la plus vaine philanthropie. D'une part, en effet, nous rencontrons des choses très chères, d'un prix de revient très coûteux, telles que des terrains à bâtir, des maisons, et d'autre part, des bourses très modestes, des salaires réduits, des gens besogneux, plus près de la pauvreté que de la richesse ; et cependant il faut faire en sorte que ces petites bourses absorbent, acquièrent, entrent en possession de ces gros morceaux, ou que, pour le moins, elles en aient l'usage, la jouissance à titre de location, sans que pourtant il soit besoin de faire intervenir la charité, la bienfaisance, mais par le seul jeu de capitaux bien employés, savamment travaillés, et, par cela même, d'un rapport normal pour les prêteurs, constructeurs, capitalistes ou banquiers. Car tel est, résumé en deux mots, et ni plus ni moins, le but que se propose l'entreprise considérable des *Habitations ouvrières à bon marché.*

Par la nature même de leurs opérations, les œuvres qui consacrent leurs efforts à la solution pratique de cette grande pensée, sont obligées de se livrer à l'étude très minutieuse et très approfondie des moyens que leur confère la loi, combinés avec des procédés financiers spéciaux, les appuis des maisons de banque, certaines garanties exigées ou, au contraire, concédées par l'Etat, etc... Entrer dans leur détail serait abuser de la patience et de l'attention de nos lecteurs. Aussi bien des volumes entiers, des documents sans nombre, dont nous avons indiqué les sources, pour les personnes plus curieuses de s'instruire, ont été publiés sur la matière, et nous dépasserions le cadre que nous nous sommes tracé, en insistant trop longuement. Nous nous sommes proposé, au contraire, aux chapitres suivants, de présenter dans un tableau d'ensemble, ce qui a été fait en France, mais en raccourci, de manière à ne pas négliger les institutions complémentaires du même ordre d'idées, et si utiles aussi au bien-être et à la prospérité générale, telles que : « Caisses de Loyers », « Jardins Ouvriers », « Cités-Jardins », etc. Nous nous contenterons donc de tracer les grandes lignes et de présenter, sous leur aspect le plus intéressant et le plus clair, l'historique de la question, le rôle de l'Etat, les bienfaits de la loi, les résultats acquis par le fonctionnement des principales « Sociétés de constructions à bon marché », les difficultés de leur rôle, et les conditions de leur succès.

CHAPITRE II

LES ORIGINES DE LA QUESTION ET LA LOI SIEGFRIED

SOMMAIRE : Coup d'œil sur les logements économiques à l'étranger : Belgique, Italie, Allemagne, Etats-Unis, Angleterre ; les *Rowton houses*. — Aperçu historique de la question en France : MM. Jules Simon et Picot.

La *Société française des Habitations à bon marché*.

LOI SIEGFRIED et la *Loi du 12 Avril 1906*. — Bénéfices d'ordre financier et bénéfices d'ordre moral. — *La Société de Crédit des Habitations à bon marché*. — A quels signes se fait reconnaître la construction à bon marché ?

I

Il nous faut tout d'abord constater une infériorité très grande de la France, par rapport à la plupart des autres nations, grandes ou petites, et notamment des pays anglo-saxons (1).

(1) Nos derniers renseignements nous permettent cependant de noter qu'un mouvement d'idées si considérable se produit en France, en faveur de toutes les entreprises d'œuvres sociales, qu'il fait présager de grands et rapides progrès de nos Sociétés de constructions à bon marché, et l'on peut espérer que la France regagnera vite le temps perdu. Citons ce fait, à titre d'exemple : Alors que la *Société de Crédit des Habitations à bon marché*, fondée

La Belgique, sur une population qui n'est guère que le sixième de la nôtre, nous dépasse de beaucoup (1).

En Italie (2), la loi sur la santé publique, très bien faite, donne aux municipalités les pouvoirs nécessaires pour détruire les taudis.

En Allemagne (3), l'État prussien, en 1902, avait dépensé une somme de 40 millions de

par l'initiative de M. Siegfried en 1898, a seulement prêté à diverses sociétés de construction la somme de *cinq millions* en *sept ans*, la Caisse des Dépôts et Consignations, *dans la première année* du fonctionnement de son service d'avances aux mêmes sociétés, a consenti deux millions de prêts. Le mouvement s'accélère donc presque dans une progression géométrique.

Tels peuvent être les effets merveilleux produits par une bonne loi (la loi du 12 Avril 1906 amendant la loi du 30 Novembre 1894). — Il faut aussi, et sans doute, reporter en grande partie l'honneur de ces beaux résultats, à l'activité incessante de la *Société française des Habitations à bon marché*, à l'intelligence et à la compétence des hommes éminents qui la composent et la dirigent. (Voy. p. 26.)

(1) « La Belgique, grâce à l'appui prêté par sa *Caisse générale de l'Epargne*, a su faire qu'en dix ans, 15.000 de ses ouvriers sont devenus propriétaires. » (Jean LAHOR, *Les Habitations à bon marché.*)

(2) On vient précisément de publier le rapport sur l'application de la loi de 1903 pendant l'année 1906 (*Bolletino dell' Ufficio del lavoro*, novembre 1907, p. 1176), et nous y relevons des détails intéressants sur les efforts tentés de tous côtés à cet égard. Il en résulte notamment qu'au 31 Décembre de cette année, il existait dans le royaume 142 sociétés coopératives, 12 sociétés de secours mutuels, 10 instituts autonomes, 10 institutions de bienfaisance et 6 entreprises municipales, soit en tout 180 institutions diverses pour la construction d'habitations ouvrières, réparties dans 44 provinces et 108 communes. Dans toutes les villes de quelque importance il existe aujourd'hui un ou plusieurs organismes destinés à porter un peu d'air, de lumière et d'hygiène dans les quartiers malsains où s'entasse la partie la plus misérable de leur population. — (*Réforme sociale*, 1er Mars 1908.)

(3) CACHEUX, *op. cit.*

francs pour la construction de petits logements à l'usage des employés et ouvriers de l'État, appartenant aux administrations des chemins de fer, des travaux publics et des usines. De ce chef, le royaume de Bavière avait déboursé 7 millions et demi. Les municipalités allemandes, aussi, se considèrent comme moralement tenues d'assurer un logement convenable à leurs administrés, tout au contraire des nôtres qui se débarrassent le plus possible des nécessiteux et les dirigent à leurs frais, au besoin, sur Paris, le grand refuge, le grand réceptacle, où se centralisent les secours comme le reste, et où tout se perd, s'engloutit, souffrances, larmes et joies, dans la vaste fosse commune de l'indifférence générale et de l'anonymat. Comme l'observe avec beaucoup de force et de justesse M. Cacheux, en France l'État subventionne largement les théâtres, qui ne sont qu'un luxe, ainsi que les Bourses du Travail moins préoccupées d'organiser la production et de réglementer les conditions du labeur quotidien, que de fomenter les grèves, d'exciter au désordre et de préparer le règne de l'anarchie ; l'État subventionne les concours d'animaux gras, il pourrait bien consacrer quelques millions à l'amélioration des petits logements, à l'exécution des travaux d'intérêt général.

Mais l'État, notre État démocratique et fraternel, ne fait rien, et les départements et les communes, pâles reflets du pouvoir central, pas davantage. Nous entendons bien que l'on peut ne pas être amateur du socialisme d'État et, pour notre part, nous n'avons jamais cessé de nous élever contre, mais il faudrait alors que notre race latine prît des habitudes d'initiative personnelle, d'énergie, de volonté, d'audace, encore loin de son génie aimable et nonchalant. Et c'est merveille de voir la puissance du jet, qu'une idée féconde imprime en des pays où la discipline de l'esprit public et le sens des choses pratiques est plus développé que chez nous.

En Amérique, c'est par centaines de millions que se comptent les capitaux des Associations coopératives pour l'acquisition et la construction des maisons, dans chacune des principales villes, comme à Philadelphie (1).

En Angleterre, une loi excellente régit la matière, loi connue sous le nom de *Housing of the Working Classes Act*, et dont les principes ont été pris en considération dans la plupart des pays européens (2). En ce pays de merveilleuses mœurs politiques, l'État intervient juste dans la mesure utile. Il sait accorder son appui

(1) RAFFALOVITCH.

(2) CACHEUX. — Voy. encore l'article de M. H. MONOD, dans la *Revue d'Hygiène*, 1891, vol. XIII, sur *Les Mesures sanitaires en Angleterre depuis* 1875, où l'on verra que l'Angleterre a dépensé, pour la salubrité publique, la somme de cent vingt millions de francs, de 1850 à 1875, et plus de trois milliards, de 1875 à 1890. Consultez aussi dans la *Réforme Sociale*, les articles tout récents

dans les limites nécessaires, si l'opinion le sollicite, et à la fois borner son intervention au point précis où elle deviendrait une gêne pour la liberté et les évolutions de chacun. Il donne une loi bien faite, bien comprise, puis se retire discrètement et abandonne aux citoyens le soin de l'utiliser au mieux des intérêts qu'elle a visés, pour la protection desquels elle a été instituée. Cette sagesse de l'État, alliée à l'esprit d'entreprise des particuliers, donne des résultats surprenants.

Les *Building Societies* correspondent à nos *Sociétés coopératives de construction*. Pour donner une idée de leur importance, disons seulement que l'une d'elles, la *Birbeck bank Society*, fondée en 1851, a versé à ses actionnaires, depuis sa fondation, *quatre milliards huit cents millions* (1).

Une des belles institutions dont s'énorgueillit l'Angleterre, ce sont les *Rowton houses*, dues à l'initiative de lord Rowton, hôtels meublés pour les célibataires.

Ce genre d'habitation, très nécessaire, fait presque totalement défaut en France, ainsi que

(15 nov., 1er et 15 déc. 1908) de M. A. Renoir sur l'*Œuvre des villes anglaises dans la lutte contre l'insalubrité de l'habitation*. Cfr. le *Rapport* présenté par M. Rostand au Congrès international des habitations à bon marché, sur l'*Intervention des pouvoirs publics dans le mouvement d'amélioration des habitations à bon marché*.

(1) *Housing question à Londres*, art. de M. A. AGACHE, dans la *Science sociale* de 1902-1903, vol. XXXIII et XXXIV.

nous le verrons plus tard ; les essais faits par nous ont été timides et restreints. Les quatre hôtelleries que la Société anonyme fondée par lord Rowton a construites, au contraire, sont des merveilles d'organisation. D'une capacité de 800 chambres ou cellules, elles poussent la propreté jusqu'au luxe, l'entente de l'hygiène jusqu'au confortable. L'ameublement est en bois de teck, les murs sont revêtus de hauts lambris en tuiles vernissées. Tout y est clair et reluisant ; de vastes lavabos, où se rangent 80 cuvettes, sont alimentés d'eau froide et d'eau chaude à volonté. Des salles de bains sont auprès, puis des salons de coiffure, des salons de lecture, de repos, des fumoirs, des *reading-room* et des *smoking-room*, enfin, des salles de restaurant où la nourriture est fort bonne (1). Et la jouissance de tout cela ne coûte presque rien. Le droit d'entrée est de 0 fr. 60, un bain se paye un penny et demi, le repas 25 à 30 sous, et même chaque locataire a le droit d'apporter sa nourriture et de l'apprêter lui-même. Une seule restriction ; défense de consommer des boissons alcooliques. — Mais alors, dira-t-on, qui donc entretient ces établissements ? — Écoutez bien ceci : Les livres de comptes de ces hôtelleries accusaient, pour

(1) Pour prendre une idée, par l'image, de ces installations aussi confortables que grandioses, consulter *La Nature*, numéro du 26 Octobre 1907.

l'exercice 1900, une recette, tous frais payés, de 6.883 livres, permettant la répartition d'un dividende de 5 % aux actionnaires. A la dernière Assemblée générale de la *Rowton house Society Ld*, le capital social a été porté à 300.000 liv. st., *soit sept millions cinq cent mille francs* (1).

Quel enseignement, et quelle éloquence, que ces chiffres et que ces faits !

L'Angleterre, il est vrai, nous avait précédés depuis longtemps dans l'étude et la pratique de la question des habitations à bon marché. Si, dès 1832, à la suite du choléra trop fameux, les docteurs Worms et Villermé avaient été amenés à s'en occuper, ayant observé que la marche en apparence capricieuse du fléau dans la ville, se réglait au contraire selon le degré plus ou moins grand de salubrité des maisons et des logements, et si telle fut l'origine lointaine de la loi de 1850 en France, réglementant les logements insalubres, un demi-siècle se passera avant que le mouvement ne prenne son essor. En Angleterre, au contraire, nous voyons, dès l'année 1845, se fonder à Londres l'*Association métropolitaine pour l'amélioration du logement des classes ouvrières*, en 1863 la *Compagnie des logements perfectionnés*, etc.

En 1862, les États-Unis s'étaient signalés par la donation *Peabody* de 3.750.000 francs.

(1) AGACHE, *op. cit.*

M. Jules Simon fut le promoteur, en France, de ces idées, par son fameux livre, l'*Ouvrière* ; mais presque rien n'avait été mis en œuvre avant que M. Georges Picot n'eût jeté le cri d'alarme dans son petit volume si éloquent, et que tout le monde a lu et conservé à la place d'honneur dans sa bibliothèque : *Un devoir social et les logements ouvriers.* Seul M. Siegfried avait fait une tentative, d'ailleurs heureuse, en fondant, en 1870, la *Société havraise*, d'après le modèle des maisons bâties à Mulhouse par M. Jean Dollfus. En 1886, MM. Aynard et Mangini réussirent également avec la *Société lyonnaise.* Mais ces efforts restèrent isolés. Cependant le livre de M. Picot avait préparé l'opinion et piqué l'intérêt public (1). Un Comité qu'il organisa, en 1887, avec la *Société d'économie sociale*, suscita dans beaucoup de villes, à Lille, à Nancy, à Nantes, etc., des enquêtes publiées alors dans la *Réforme sociale* (2). L'Exposition universelle de 1889 précipita le mouvement. Les étrangers avaient apporté leurs idées et leur expérience. L'on songea enfin aux réalisations.

(1) Voir la communication de M. Georges PICOT au Congrès de 1885 (*Réforme sociale* du 15 Septembre 1885), qui a immédiatement provoqué la fondation de la *Société des petits logements de Rouen.* (*Réforme sociale*, 15 Janvier et 1er Juillet 1887.)

(2) Voir surtout les livr. de Févr., Mars, Avr. 1887, 16 Févr., 16 Juil., 1er Août, 16 Nov. et 1er Déc. 1888 ; 16 Mars, 1er et 16 Avr. 1889.

II

La *Société française des Habitations à bon marché* est la première en date que nous rencontrions et la seule de son espèce. En effet, elle s'est fixée un but particulier. Ce n'est pas une Société de construction, mais d'initiative, de propagande. Elle arrivait bien à son heure, puisque tout était à faire, à créer, à organiser. Fondée sur l'initiative de M. Jules Siegfried, à la suite du *Congrès international des habitations à bon marché*, réuni à Paris en 1889, « se plaçant au triple point de vue de l'hygiène, de la morale et de la paix sociale, elle se donna la tâche d'encourager dans toute la France la construction par les particuliers, les industriels ou les Sociétés locales, de maisons salubres et à bon marché, ou l'amélioration des logements existants, de propager les moyens propres à faciliter aux employés, artisans et ouvriers, l'acquisition de leurs habitations.

« S'interdisant toute opération directe, elle n'agit pas par elle-même, mais pousse à l'action par les moyens suivants :

« 1° La communication gratuite aux intéressés de tous les documents qui peuvent les éclairer, notamment : les statuts des Sociétés existantes ; les modèles des statuts, baux et devis ; les types de plans ; les études sur les combinaisons techniques et financières, sur la constitution des Sociétés anonymes et coopératives.

« 2° La publication d'un *Bulletin* trimestriel qui contient les données législatives, statistiques, économiques et sociales, recueillies dans le monde entier sur la question des habitations ouvrières en France et à l'étranger, ainsi que les plans, devis et prix de revient des habitations à bon marché.

« 3° L'organisation de conférences.

« 4° L'organisation de concours et d'enquêtes avec prix et récompenses. »

Nous avons donné tout au long cette énumération, parce qu'elle fait bien comprendre la complexité de la question, et qu'elle laisse entrevoir la multiplicité de gros et de petits problèmes d'ordre pratique à résoudre, pour mener à bien l'entreprise de la construction d'une maison à bon marché. Ces problèmes sont tels qu'il n'est pas trop d'hommes ayant fait de leur étude l'occupation de toute une vie, pour les bien connaître et les solutionner d'une façon heureuse. L'institution d'une Société telle que la *Société française des Habitations à bon marché*, dont le Conseil se compose des hommes les plus compétents : MM. Siegfried, Picot, Cheysson, Monod, etc., était donc appelée à rendre les plus grands services. Elle n'y a pas manqué, non seulement lors de sa fondation, par l'élan qu'elle a donné à des idées presqu'entièrement étrangères dans notre pays, ou du moins totalement ignorées du public, mais tous les jours encore par les renseignements de toute nature qu'elle est en état de fournir. Par ses conférences, elle a provoqué la fondation de nombreuses Sociétés anonymes et coopératives de construction, à Athis, à Beauvais, Nancy, Tours, Épinal, etc., au total, 81. Son *Bulletin* est une mine inépuisable de documents les plus variés. De plus, elle a réuni dans une brochure spéciale les textes de loi ayant trait à l'habitation ouvrière, les arrêts de justice faisant jurisprudence, les types de statuts approuvés par le ministère du commerce, etc. Cette brochure est le guide indispensable de tous les administrateurs des Sociétés d'habitation à bon marché, et elle est envoyée gratuitement à tous ceux qui en font la demande (1).

L'utilité de cette Société et les services qu'elle rend, lui ont valu des donations importantes. Nous relevons les noms de M. Aug.

(1) Disons une fois pour toutes, que c'est à M. Ferrand, le distingué administrateur de la *Société française des Habitations à bon marché*, et président de la *Société des Habitations économiques de la Seine*, que nous avons emprunté la plupart des renseignements techniques que l'on trouve ici consignés. Ce n'est pas seulement son livre récent, si complet, qui nous a servi. Il a mis encore à notre disposition toutes les ressources de son expérience personnelle. Nous sommes heureux de lui exprimer publiquement toute notre gratitude pour l'obligeant empressement avec lequel il a bien voulu s'employer pour nous.

Lalance, 5.000 francs; de M. Jules Simon, 10.000 francs; 50.000 francs du comte de Chambrun; une rente de 3.000 francs de l'Etat, et un don de 20.000 francs de M. Siegfried, son principal fondateur.

III

Loi Siegfried. — Lorsque l'on étudie la question des habitations à bon marché, l'on s'aperçoit tout de suite qu'un nom domine tout le sujet; c'est celui de M. Siegfried, car le fondateur de la *Société française* et l'auteur de la loi se confondent dans la même personne; et si la constitution de la *Société* marque le point de départ d'une puissante organisation en France et d'un vaste travail d'ensemble, la *Loi Siegfried*, du 30 Novembre 1894, a permis la réalisation des espérances, la mise en pratique des efforts combinés, des bonnes volontés consenties. Elle est la pierre angulaire de tout l'édifice, la base de tout le système, et c'est pour cela que nous la soulignons, que nous la signalons d'une façon toute particulière au début et en tête de notre travail.

Nous rencontrons ici le même phénomène qu'en histoire naturelle, nous constatons le même principe : la fonction crée l'organe. Nous avons déjà laissé entrevoir la contradiction des deux termes de cette proposition : *la construc-*

tion à bon marché. Et de fait, sous le régime des seules lois existantes, de droit commun, la solution était impossible. Il fallait qu'en vertu du haut intérêt social et démocratique de l'entreprise, l'État consentît à quelque sacrifice, qu'en faveur des pauvres gens qu'on cherchait à affranchir de leur taudis, à qui l'on voulait donner un logement hygiénique et décent, une maison saine, il fallait que l'État consentît à rogner un peu ses ongles crochus, à diminuer un peu pour eux le poids de l'impôt, qu'il se prêtât à certaines combinaisons financières inusitées jusque-là. Tels sont les principaux titres de la *loi du 30 Novembre 1894.* Grâce, sans doute, au mouvement d'opinion depuis longtemps soulevé, au degré d'avancement où était parvenue l'étude de la question, au talent et aux titres déjà acquis de son rapporteur, la loi fut votée (1).

Nous nous contenterons d'en donner les dispositions essentielles, qu'il est indispensable de connaître pour la pleine compréhension du sujet, en relevant les modifications apportées par la récente loi du 12 avril 1906.

Au sommet de l'organisation, nous rencontrons le *Conseil supérieur des Habitations à bon marché.* Ce Conseil, composé de 40 membres

(1) On trouvera le texte de la loi Siegfried dans le livre de M. Ferrand (appendice), et aussi dans les tracts à 0 fr. 25 de l'*Action Populaire*, brochure de M. E. Cacheux, 4e série, no 54.

choisis parmi les hommes les plus compétents, et où l'on retrouve les noms de MM. Picot, Cheysson, Siegfried, Monod, Ferrand, etc., se réunit une fois par an au ministère du Travail. De son ensemble se détache une *Commission permanente* chargée d'une foule d'attributions diverses. Elle étudie toutes les questions d'ordre financier, technique et légal, qui peuvent se présenter. Elle examine les statuts des Sociétés de construction. Elle surveille les *Comités départementaux* devenus obligatoires depuis la loi de 1906 (1) ; elle les organise là où ils n'existaient pas encore, etc.

Les faveurs que la loi accorde aux constructions à bon marché peuvent se classer en deux catégories : l'une d'ordre financier, l'autre que l'on pourrait appeler d' « ordre moral ».

Les moyens d'ordre financier se réduisent à deux : 1° Exemptions fiscales ; 2° Facilités pour se procurer des capitaux.

Parmi les premières se range une exemption de l'impôt « foncier » et de l'impôt « sur les portes et fenêtres » pendant cinq ans (douze ans depuis la loi 1906) au lieu de trois, délai ordinaire, et une exemption de l'impôt de 4 % sur les actions, pour les actionnaires des Sociétés de constructions qui ne possèdent pas d'actions au delà de deux mille francs. (Cette

(1) Ces Comités ont pour mission « d'encourager toutes les manifestations de la prévoyance sociale..... » (Article premier.)

restriction a été supprimée par la loi de 1906.) D'autre part, la loi a quelque peu atténué la rigueur du fisc en ce qui concerne les droits de mutation dans les cas de location avec promesse de vente. Rigueur encore excessive, toutefois, car elle a empêché le développement des Sociétés qui font des opérations de ce genre ; tandis que les Sociétés coopératives et de crédit prennent une extension chaque jour plus grande.

Les facilités que confère la loi pour se procurer des capitaux, auraient pu donner un grand essor aux Sociétés de construction, mais l'on n'a pas su ou voulu en profiter. La loi porte, en effet, que toutes les Caisses d'épargne et la Caisse des dépôts et consignations, sont autorisées à constituer des prêts sur obligation aux Sociétés de construction des habitations à bon marché. Or, les Caisses d'épargne, par manque d'initiative, par crainte, ou pour tout autre cause, se sont tenues dans une réserve dont elles commencent seulement à se départir. Ainsi, aux termes de la loi, les Caisses d'épargne auraient pu affecter aux habitations à bon marché un capital de 32 millions et un revenu annuel de 4 millions, et ce n'est guère que le dixième de cette somme qu'elles leur ont prêté.

Les Caisses d'épargne privées sont lentement entrées dans le mouvement et, toutes ensemble, elles n'ont pas risqué un capital plus important que la Caisse garantie par l'État. Celle des

Bouches-du-Rhône, dont le siège est à Marseille, mérite une mention spéciale. Grâce à l'initiative, et par le concours de M. E. Rostand, elle s'est particulièrement distinguée dans l'emploi de ses fonds, à l'amélioration du logement ouvrier.

Quant à la Caisse des dépôts et consignations, elle s'est absolument refusée, lors de la promulgation de la loi, à organiser un service de prêts. Elle ne s'y est résolue que par la suite et avec des garanties particulières. Elle exigea qu'une banque intermédiaire lui servît de caution pour le remboursement des sommes par elle avancées. Cette Société fut fondée par l'initiative de M. Siegfried, en 1898, sous le nom de *Société de Crédit des Habitations à bon marché.* Son capital social, de 500.000 francs, fut souscrit par quarante particuliers, maisons de banque ou d'industrie, et, pour un quart, par les cinq grandes Compagnies de chemins de fer. Malgré les garanties exceptionnelles dont elle jouit, la Caisse des dépôts et consignations, par un esprit de routine bien administratif et rétrograde, ne s'est engagée à escompter les obligations émises par les Sociétés de construction au nom de la *Société de Crédit*, que jusqu'à concurrence de cinq millions. D'ailleurs, les opérations de la *Société de Crédit* sont, à l'heure actuelle, complètement arrêtées, et elles ne reprendront plus, la Caisse des dépôts et consignations faisant maintenant elle-même des prêts sur obligations. Cette Société rentre dans ses fonds petit à petit, et elle étudie quel emploi elle en devra faire dans l'avenir.

Voici maintenant quels sont les avantages d'ordre moral concédés par la loi du 30 Novembre 1894 :

1° Elle autorise la Caisse nationale d'assurance en cas de décès, à faire des assurances garantissant à la Société prêteuse le remboursement du solde de la dette, en cas de décès de l'emprunteur. Cette clause est essentielle. En effet, qu'arrive-t-il si l'ouvrier meurt n'ayant payé qu'une partie de la maison qu'il habite ? La plupart du temps sa veuve sera trop pauvre pour tenir ses engagements. Et si elle est mise dans la rue, non seulement la loi n'aura pas atteint son but, mais elle commettra une injustice, car les sommes économisées et payées par l'ouvrier pour se rendre propriétaire de sa maison, seront perdues pour lui et sa famille. C'est contre un risque si gros que l'ouvrier peut ainsi se prémunir.

2° En droit commun, tout le monde connaît l'adage de la loi : nul ne peut être tenu de rester dans l'indivision. Si donc le père de famille vient à mourir en laissant des mineurs, la maison sera vendue aux enchères publiques par autorité de justice. Résultat : double désastre, pour la famille (1) et pour la Société ; car ce sont des frais considérables qui vont grever la modeste succession, quelquefois même l'absorber ; c'est la destruction, dans la bourrasque, du nid péniblement édifié par le père, avec quelle peine, quelle persévérance, souvent combien de durs sacrifices, pour la sécurité et l'abri de sa couvée ! Ce sera la séparation, la division, la dispersion de tous ces brins ourdis ensemble par le travail, l'effort, l'épargne de toute une vie d'homme laborieux ; la fin d'un édifice, la mort de l'une de ces cellules vivantes si précieuses, dont se trame le tissu du corps social tout entier : la famille, le foyer. En pareil cas, par l'effet de la loi Siegfried, et s'il s'agit d'un logement ouvrier construit à bon marché, le juge de paix a le droit d'intervenir, sur la demande des mineurs. Il jugera, en premier et dernier ressort, du bien fondé de la réclamation et de l'opportunité de la vente. La maison ne sera donc pas vendue s'il s'y oppose. Reconnaît-il qu'il est nécessaire d'en arriver à cette extrémité ? *Chacun* des membres de la famille aura le droit de reprendre la maison en *entier*, quitte, cela s'entend, à donner une

(1) La statistique civile de l'année 1886 avait donné le tableau suivant, pour la moyenne des frais de vente en justice, des immeubles :

500 à 1.000 francs.	49,92 %	2.000 à 3.000 francs.	15,17 %
1.000 à 2.000 — .	25,94 %	5.000 à 10.000 — .	8,97 %

On voit que plus la valeur était faible, plus les frais étaient élevés. (FERRAND.)

indemnité légitime aux frères et sœurs cohéritiers. L'estimation de la maison est faite par le Comité départemental des habitations à bon marché. Si plusieurs des héritiers désirent conserver le bien paternel, c'est le juge de paix qui décide de son attribution.

Le même droit est aussi bien conféré à la mère qu'aux enfants.

Mais à quel signe reconnaîtra-t-on la construction dite « à bon marché » ? Au taux du loyer dont le maximum est prévu par la loi. « Le bénéfice de la loi est acquis par cela seul que la destination de l'immeuble est d'être affecté à des habitations à bon marché. » (Article 5 de la loi du 12 Avril 1906.) Cependant, pour qu'une Société puisse faire classer la maison qu'elle a construite, dans cette catégorie, il faut d'abord que les statuts de cette Société soient approuvés par le ministère du Travail ; simple formalité pourvu que la Société se conforme aux statuts types rédigés par le Conseil supérieur des habitations à bon marché. C'est là le cas le plus fréquent.

2° La loi limite le taux de l'intérêt servi par ces Sociétés à 4 %.

3° Elle fixe un maximum à la valeur locative des maisons construites sous son régime. Ce maximum suit une marche proportionnelle, selon l'importance des communes où ces immeubles sont bâtis.

C'est ici que nous touchons à l'une des principales améliorations apportées par la loi de 1906 à la loi de 1894, et depuis longtemps réclamées par les parties intéressées. Les maxima prévus par la loi Siegfried étaient trop bas. La nouvelle loi les a notablement relevés. L'on objectait avec raison que les chiffres adoptés par la loi de 1894, acceptables partout ailleurs, étaient notoirement insuffisants pour les communes limitrophes des grandes villes, de Paris en particulier. Le prix de la main-d'œuvre, en effet, y est plus cher qu'ailleurs, comme celui des matériaux, et celui des terrains plus encore. Et cependant c'est surtout dans la banlieue des grandes villes que, pour toutes les raisons que nous avons dites, il est nécessaire de construire des habitations ouvrières à bon marché.

Ces justes réclamations ont été écoutées par le législateur de 1906 ; de par lui, les prix les plus bas partent de 140 francs, au lieu de 90 francs, pour les localités moindres de 1.000 habitants, et ils s'élèvent très haut puisqu'ils montent jusqu'à 325 francs pour la grande banlieue de Paris, 400 francs pour la petite banlieue, et 550 francs pour Paris, au lieu de 300 francs seulement accordés par la loi Siegfried pour les communes au-dessus de 200.000 habitants, et 375 francs pour Paris.

Telles sont, résumées, les principales dispositions de la loi Siegfried (1), loi essentielle, nous le répétons, car toutes les Sociétés de construction à bon marché existant en France se sont constituées sous ses auspices, sous sa tutelle. Abstraction faite pour la *Société lyonnaise* (la plus importantes de toutes, il est vrai), mais cette exception fut motivée par la partie alimentaire de son œuvre, car elle s'occupait aussi de restaurants économiques. La loi de 1906 a supprimé cette clause restrictive.

(1) Loi du 12 Avril 1906 : (Voy. *Journal Off.* du 15 Avril 1906, et *Bulletin de la Société française des Habitations à bon marché*, tirage à part, impr. Chaix, rue Bergère.)

Cette loi, dont M. Strauss s'est fait le rapporteur, apporte des modifications importantes, et généralement considérées comme heureuses, à la loi Siegfried du 30 Novembre 1894. En voici quelques-unes qui s'ajoutent à celles que nous avons eu déjà l'occasion de signaler en parlant de la loi Siegfried :

Les Caisses d'épargne sont autorisées, sous certaines conditions, à consentir des prêts hypothécaires, à souscrire des actions des Sociétés de construction.

Les jardins ouvriers et les bains-douches sont assimilés aux habitations à bon marché au point de vue des avances à consentir par les Caisses d'épargne.

Les communes et les départements sont autorisés — toujours sous certaines réserves — à intervenir dans les opérations des Sociétés d'Habitations à bon marché. Ces administrations peuvent prêter aux Sociétés, acquérir leurs obligations, souscrire à leurs actions, garantir un intérêt ou un dividende de 3 % à leurs obligations et actionnaires, pendant les dix premières années de leur construction. Elles peuvent encore leur céder des terrains et des constructions, mais à condition que le prix de la cession ne soit pas inférieur à la moitié de la valeur réelle de l'immeuble cédé. Cette condition est indispensable à l'existence même des Sociétés dues à l'effort de l'initiative privée. Elle est très combattue par les personnes infestées du virus socialiste, et qui pensent que l'Etat, si obéré déjà, maître d'école et pontife, ingénieur des tabacs, poudres et salpêtres, des ponts et chaussées, des chemins de fer et des mines, maître des postes, télégraphes et téléphones, patron et directeur de théâtres, etc., pourrait et devrait encore se faire logeur à bon marché — et bientôt à titre gratuit.

CHAPITRE III

LES SOCIÉTÉS DE CONSTRUCTION A BON MARCHÉ

A. — LES MAISONS COLLECTIVES

SOMMAIRE : Les difficultés du problème. — Les capitaines qui désirent trop être appelés capitaines. — La *Société anonyme des Habitations économiques de Saint-Denis* et la *Société des Habitations économiques de la Seine*. — Les transformations de la place de la Roquette. — *Société lyonnaise de Logements économiques*. — *Société anonyme des logements économiques pour familles nombreuses*. — Les maisons de la *Société Philanthropique*. — Les hôtels meublés pour jeunes filles : Fondations Hirsch, Marjolin et Stern.

I

Une première distinction, nous l'avons déjà dit, s'impose parmi les Sociétés de constuctions économiques. Elles forment deux catégories bien tranchées : celles qui s'occupent de construire des maisons collectives, et celles qui bâtissent des maisons individuelles, les premières étant des Sociétés anonymes par action (1), les secondes des Sociétés coopératives.

Nous parlerons d'abord des premières.

(1) Quelques-unes ont cependant pris aussi la forme de Sociétés coopératives. Voici la liste complète des Sociétés construisant des maisons collectives, telle que la donne M. Ferrand, mais à laquelle

Entrons dans les maisons à bon marché. Ou plutôt, restons d'abord sur le seuil où l'on va nous dire, en quelques mots, tout ce que ces constructions, avant d'étendre sur la tête des travailleurs économes et méritants l'abri de leur large toit, ont coûté d'efforts, de combinaisons, de dévouement pour le bien public, à toute une pléiade d'hommes instruits et rompus aux affaires.

« La tâche des fondateurs et des administrateurs des Sociétés qui se constituent dans le but de construire des maisons à étage dans les grandes villes, est loin d'être aisée, dit M. Ferrand. Il leur faut, en effet, résoudre à la fois les problèmes suivants :

« 1° Réunir des capitaux considérables.

« 2° Trouver un architecte connaissant bien

il faut ajouter déjà deux sociétés nouvelles : la Société *Le Progrès* et la *Société de Logements économiques pour familles nombreuses.* (Voy. p. 59.) :

1° *Sociétés coopératives:* — Valentigney, Beaulieu et Terre-Blanche. — Immobilière du Vallon de Glay.

2° *Sociétés anonymes.* — Immobilière Nancéenne. — Immobilière des petits logements à Rouen. — Lyonnaise des Logements économiques. — Habitations salubres et à bon marché de Marseille. — Habitations économiques à Paris. — Habitations économiques de la Seine. — Logements économiques de Saint-Étienne. — Caennaise des Habitations à bon marché. — Nîmoise des Habitations à bon marché. — Caladoise des Habitations à bon marché. — Habitations économiques de Denain. — Logements hygiéniques à bon marché à Paris. — Maisons ouvrières de Port-de-Bouc.

3° *Fondations diverses.* — Société philanthropique de Paris. — Groupe civil des Maisons ouvrières à Paris. — Association protestante de bienfaisance.

Au total, 312 Maisons d'une contenance de 3.220 logements.

son métier et capable de faire un devis rigoureusement exact.

« 3° Faire une enquête sur les conditions des logements dans la localité et sur les habitudes des habitants.

« 4° Adopter un plan répondant rigoureusement aux exigences de l'hygiène et du confort, sans dépasser un certain prix.

« 5° Construire aussi bon marché que possible sans négliger cependant la solidité de l'immeuble.

« 6° Calculer les charges qui incomberont à la Société.

« 7° Établir les prix de location.

« Toutes ces conditions sont souvent contradictoires, et, dans tous les cas, toujours extrêmement difficiles à remplir ; elles exigent des études très consciencieuses et très minutieuses qui demandent beaucoup de temps et de dévouement pour être menées à bien. Si on ajoute à cela que, par le but même qu'elles se proposent, ces Sociétés doivent être administrées très économiquement, que la marge entre leurs recettes et leurs dépenses ne peut jamais être très grande, puisqu'elles établissent leurs prix de location au plus bas possible, on comprendra que le recrutement de leurs administrateurs ne soit pas chose facile. Il faut, en effet, trouver des hommes qui aient à la fois beaucoup de temps, un grand dévouement et des capacités administratives qui se rencontrent rarement en dehors des industriels et des commerçants ; et comme ce sont précisément ces hommes-là qui ont le moins de temps pour s'en occuper, ces Sociétés sont le plus souvent entre les mains de gens parfaitement convaincus et dévoués, mais dont les connaissances financières ne sont pas à la hauteur de leur zèle et de leur désir de bien faire. C'est là ce qui explique, en partie, que la plupart de ces Sociétés n'ont pas donné les résultats escomptés et promis. »

Nous nous permettrons d'insister sur ce dernier point, que le distingué président de la *Société des Habitations économiques de la Seine* n'a fait qu'effleurer, peut-être par discrétion professionnelle, ou parce qu'il aurait eu trop à dire. Il faut cependant avoir le courage de confesser la vérité, toutes les vérités.

Dans un de ses ouvrages où Ruskin a le mieux cinglé de sa plume impitoyable les travers de ses compatriotes, *Sésame et les Lys*, cet homme aux livres étranges, symboliques et voilés comme des paroles de l'Ecriture ou des figures de Burne-Jones, Ruskin a écrit ces paroles sévères mais vraies, aussi bien pour tous les peuples et tous les temps, que pour les modernes Anglais. Il fait une charge à fond sur l'esprit de vanité qui est à la base de toutes les entreprises humaines. « En un mot, dit-il, nous cherchons la satisfaction de notre soif de l'applaudissement... C'est la satisfaction de la vanité qui est pour nous le stimulant du travail et le baume du repos... Le marin ne désire généralement pas être capitaine seulement parce qu'il peut gouverner le bateau mieux qu'aucun autre matelot à bord. Il désire être fait capitaine pour pouvoir être appelé capitaine. » Restons dans cette question du « bâtiment », qu'on nous passe ce jeu de mots, et disons qu'il y a trop de capitaines inexpérimentés — et qui veulent être appelés capitaine — dans la conduite tout aussi difficile de la construction d'une maison à bon marché, sur la terre solide, que la direction d'un navire sur l'océan liquide. Il faut oser le dire et le redire (1), quoi qu'il en coûte de faire la critique de personnes de bien, charitables, dévouées et remplies de qualités excellentes et rares : l'œuvre sociale, l'œuvre charitable est un métier comme un autre. Nous entendons par là que, comme toutes les choses difficiles, compliquées, elles demandent de ceux qui les entreprennent, ou s'y adonnent, un véritable apprentissage, des connaissances spéciales, fruits de l'expérience des autres, ou de longs travaux personnels, de sérieuses méditations. La bonne volonté ne

(1) Voy. notre préface dans le *Péril de la Race.*

suffit pas, loin de là. Dans les œuvres purement charitables, l'inexpérience accompagnée du sentiment anglais dont parle Ruskin, se traduit par des dépenses inutiles, des fuites d'argent regrettables; cependant le dommage n'atteint que les personnes responsables, bien qu'il arrive alors que, par l'exploitation des professionnels qu'elles entretiennent, la bienfaisance risque parfois de se convertir en œuvre immorale.

Mais, dans des œuvres sociales comme celle qui nous occupe, le mal ainsi fait est beaucoup plus grand, car de deux choses l'une : ou bien la Société mal constituée, mal étudiée, échouera purement et simplement, ou bien elle ne se soutiendra que par des sacrifices d'argent constants de la part des fondateurs ; ceux-ci verront alors leur entreprise se transformer, et l'œuvre sociale qu'ils entendaient entreprendre, se réduire à n'être plus qu'une œuvre charitable. En ce cas, non seulement celle-ci se fait du tort à elle-même, mais elle nuit grandement à l'idée si grande et si belle de « construction à bon marché », de « maison ouvrière ». Que plusieurs de ces Sociétés, en effet, tournent de la façon que nous avons indiquée, qu'arrivera-t-il ? Toutes les personnes sollicitées de donner de l'argent, de souscrire des actions, auront été déçues. Cet argent, cette somme, nous le voulons bien, elles en avaient fait à peu près le sacrifice. Elles avaient souri lorsqu'on leur avait parlé de « dividendes », « d'intérêts... », et, sous ce rapport, la construction à bon marché leur avait paru se mirer à leurs yeux éblouis, comme ces fameux châteaux en Espagne dont tout le monde parle et que personne n'a vus. C'est donc sans étonnement que ces souscripteurs à la manque voient leur capital rester improductif, ou même totalement disparaître. Ils ne réclameront pas. C'était pour la charité. Mais lorsqu'un président, un administrateur d'une Société de construction à bon marché bien conduite et sérieusement constituée, retournera vers ces personnes pour leur demander une souscription importante, de plusieurs milliers de francs, en leur affirmant, pour les encourager, que cette somme leur rapportera 3 %, et qu'en la lui confiant, non seulement ils accomplissent un devoir social, mais assurent un placement aussi solide que s'ils achetaient de la rente sur l'État, alors ces personnes souriront encore, mais elles ne se laisseront plus persuader. Et c'est ainsi que se répand, que s'enracine dans le public, l'idée fausse et néfaste que l'argent placé dans les constructions à bon marché est de l'argent perdu ou donné à la charité, et non pas placé en capitaliste. Et comme ici ce que l'on demande, ce qu'il faut trouver, ce n'est pas seulement une pièce de dix ou de vingt francs, mais des souscripteurs à des actions de cinq cents francs, on conçoit la difficulté.

Nous avons cru utile de donner ce commentaire à la remarque de M. Ferrand. Peut-être le trouvera-t-on un peu brutal, mais, dans une question qui touche à de si graves intérêts d'ordre général, nous avons estimé notre devoir de ne pas trop ménager les petites combinaisons particulières, et les « capitaines qui désirent être appelés capitaine ».

L'exposé que nous avons fait, des conditions matérielles multiples auxquelles une Société de construction doit satisfaire pour répondre à son objet, et l'analyse de la loi Siegfried, donnent une juste idée des difficultés de toute nature qui guettent et qui assaillent ces entreprises. Elles en triomphent cependant, et le plus bel exemple de leur victoire nous est donné par la *Société anonyme des Habitations économiques de la Seine.*

Il sera peut-être intéressant de parler plus tard de la *fondation Rothschild* à Paris, reconnue d'utilité publique en 1904, et qui dispose d'une somme de dix millions pour la construction de maisons ouvrières « à la seule condition de capitaliser les revenus pour les faire servir à la création de nouveaux immeubles, ou pour subventionner d'autres œuvres d'hygiène sociale ». Malheureusement, la période d'étude et de concours d'architectes s'est tellement prolongée, que les premières maisons viennent seulement d'être terminées.

II

Société anonyme des Habitations économiques de la Seine et *Société des Habitations économiques de Saint-Denis.* — « En 1891, la *Société française des Habitations à bon marché* désirant faciliter la formation, dans le département de la Seine, d'une Société de construction à bon marché, et répondant à un vœu émis par un certain nombre d'industriels de Saint-Denis, ouvrait un concours pour l'étude de logements de différents types, et de petites maisons salubres à un ou deux étages, contenant trois ou quatre pièces au plus avec cave et jardinet... Les maisons seraient construites sur un terrain sis à Saint-Denis, près de la halte du pont de Soissons (1). » A ce concours remonte l'origine de la *Société des Habitations économiques de Saint-Denis*, fondée le 25 Janvier 1891 par un groupe d'hommes à la tête desquels on trouvait M. Naville. Le 22 Juillet suivant, 600 actions, représentant un capital de 300.000 francs, étaient souscrites, et la première Assemblée générale se réunissait et adoptait ses statuts.

(1) Notice historique sur la *Société des Habitations économiques de la Seine*, par M. L. FERRAND.

Ceux-ci seront assez connus, si l'on dit que cette Société n'a cessé de prospérer et de grandir en les observant.

Dès le printemps de l'année 1892, le premier groupe de maisons était construit ; on le baptisa très heureusement du nom de *La Ruche*. Il comprenait vingt et un pavillons et deux maisons à étage. Tout avait été si bien calculé, que les actionnaires purent recevoir, dès les deux premiers exercices écoulés, un intérêt de 3 1/2 %. Devant un tel succès, les travaux de construction furent poursuivis, deux nouvelles maisons bâties. Les alvéoles de *La Ruche* étaient au complet.

Le prix de location des pavillons varie de 360 à 372 francs, et celui des logements de 252 à 294 francs, suivant qu'ils comprennent deux ou trois pièces.

L'élan était donné. De 1896 à 1908, le capital de la Société fut successivement porté de 300.000 francs à 1.015.000 francs, grâce au concours d'un industriel de Saint-Denis, M. Joubert. Le fonds de réserve, par un don généreux de 130.000 francs, a été porté à plus de 200.000 francs. Trois nouveaux groupes furent fondés : le *Foyer*, l'*Amitié* et l'*Union*. De l'avis général, l'*Amitié* constitue le type le plus parfait de maison ouvrière qui ait été construit. « Il a été établi, dit M. Ferrand, par M. G. Guyon, architecte, lauréat du premier concours institué par la *Société française des Habitations à bon marché.* Ce type répond à la plupart des desiderata formulés par les économistes, les hygiénistes et les moralistes : bonne utilisation du terrain, frais de construction réduits au minimum (124.442 fr. + 18.500 fr. de terrain), logements distincts à raison de trois au maximum par palier d'escalier, et de superficie variée, permettant de loger soit des familles nombreuses (logements de trois pièces), soit des ménages qui, nouvellement mariés ou n'ayant qu'un ou deux enfants, peuvent se contenter de deux pièces ; pièces vastes, largement aérées et éclairées, indépendantes les unes des autres ; cuisine séparée avec robinet d'eau et évier ; W. C. à raison d'un par logement, installés avec le tout à l'égout. »

Rien n'a été ménagé ; maçonnerie, canalisation, charpente, couverture, serrurerie, menuiserie, peinture, tous les travaux ont été bien faits, toutes les fournitures sont de premier choix, et cependant la maison rapporte 3 1/2 à ses actionnaires. Extérieurement, l'aspect de cette maison n'est point déplaisant avec sa porte en voussure, aux parements garnis de faïences vertes qui égayent l'entrée, et ses panneaux décoratifs en mosaïques qui courent sous les fenêtres du deuxième étage.

Le petit groupe de maisons individuelles de « La Ruche », lorsque l'on passe dans les allées qui les séparent, donne une impression particulièrement réconfortante de bien-être, de tranquillité, de paix, de paix familiale et de paix sociale. Dans cette région ouvrière et ingrate de la Plaine-Saint-Denis, où les hautes cheminées fument, où les trains sifflent, où les marteaux retentissent sur le fer, où les lourds camions rebondissent avec fracas sur le pavé inégal de la grand'route poudreuse, *La Ruche* apparaît comme un lieu de repos réparateur et bienfaisant. La route de la Révolte peut bien y aboutir, mais ce n'est pas là que se formeront des bataillons nouveaux pour la suivre. Les noms de M. Picot, de M. Siegfried, ont baptisé ces courtes avenues, et leur souvenir évocateur est fixé là comme le palladium de leurs habitants. Par la jolie journée d'Avril qui nous a conduit vers ces parages, toutes les issues sont ouvertes au soleil ; aux fenêtres sont exposées des literies fort propres qui s'assainissent au bon air printanier. Une femme travaille à sa porte en surveillant par dessus ses lunettes sa petite fille qui joue avec un ballon rose un peu dégonflé. Un employé de tramway sort de chez lui en regardant sa montre et gagne son poste au pas accéléré, cependant qu'un bon vieux emploie ses mains tremblantes à de menus travaux de jardinage dans les deux mètres carrés de son petit enclos.

Ces traits aimables de vie à la fois laborieuse,

calme et saine, se rencontrent en un coin de la Plaine-Saint-Denis.

Ici l'on peut toucher du doigt, pour ainsi dire, le bienfait de l'institution, et l'œuvre de haute moralité qu'elle poursuit et qu'elle atteint par la reconstitution de la propriété et de la famille. Et notre devoir social nous apparaît encore plus impérieux de ne pas nous en désintéresser, mais d'apporter aussi notre pierre pour consolider l'édifice social ébranlé, et l'affermir sur ses bases naturelles.

A propos de l'*Union*, la Société eut à subir un léger mécompte. Nous allons dire en quoi, car cet exemple montre à quelle petite chose, à quel détail en apparence insignifiant, tient le plein ou le demi-succès de ces entreprises ; et, par conséquent, l'on voit mieux par là quelle longue expérience, quel sens avisé des exigences ou des goûts de leur clientèle spéciale, est nécessaire à ceux qui les dirigent.

Il avait été décidé, lors de la construction de l'immeuble l'*Union*, que l'on réunirait la salle à manger à la cuisine pour faire une sorte de grande pièce commune à tous les membres de la famille. Cette nouvelle disposition pouvait paraître heureuse à plusieurs titres. D'abord, elle permettait de réaliser une légère économie sur la construction. De plus, on pouvait penser que, dans un ménage sans domestiques, la mère de famille trouverait commode de pouvoir surveiller les enfants en préparant le repas du soir. Et encore il arrive souvent que, dans les logements habités par les ouvriers, ceux-ci, pour économiser le combustible, délaissent la cuisine — lorsqu'elle existe — et cuisent les aliments sur le poële qui chauffe en même temps la chambre.

Cependant, la nouvelle combinaison imaginée ne plut pas ; les logements ainsi disposés restèrent vacants, alors qu'à l'*Amitié* « on refusait du monde », pour parler en style de réclame théâtrale. Nécessité fut donc de changer ces aménagements, et les locataires se présentèrent de nouveau. En dépit de ce déficit passager éprouvé par l'*Union*, les recettes de l'exercice 1902 permettaient encore la distribution d'un intérêt de 3 1/2 % aux actionnaires. « Il est donc permis de dire, affirme M. Ferrand, qu'à l'heure actuelle, les actions de la *Société des Habitations économiques de Saint-Denis* sont très convenablement garanties, qu'elles sont assurées d'un revenu de 3,50 %, et que la preuve est faite qu'on peut, avec une administration sage et prudente, loger des ouvriers dans les meilleures conditions de morale et d'hygiène, tout en maintenant les loyers à un taux permettant de rémunérer convenablement les capitaux engagés dans l'affaire. »

C'est arrivée à ce point de sa prospérité, que

la *Société des Habitations économiques de Saint-Denis* se transforma et devint en même temps la *Société des Habitations économiques de la Seine.*

Frappée des heureux résultats obtenus à Saint-Denis, la *Société française des Habitations à bon marché* et le *Comité départemental* nommé par le Préfet de la Seine, en exécution de la loi du 30 Novembre 1894, songèrent à faire bénéficier la population parisienne, dans la plus large mesure possible, des mêmes avantages. Une Commission d'étude, nommée à cet effet, estima avantageux d'avoir recours à une Société déjà existante, « ayant déjà fait ses preuves et dont le succès actuel fût un sûr garant de l'avenir ». C'est dans cette pensée que, dans le courant de 19 2, elle demanda au Comité de la *Société de Saint-Denis* « d'examiner la question de l'extension de son activité à tout le département de la Seine. Cette proposition, acceptée après un sérieux examen par le Conseil, fut adoptée par l'Assemblée générale du 25 Mars 19 2, qui décida les modifications nécessaires aux statuts, le changement de titre de la Société, et autorisa le Conseil à porter le capital social, par émissions successives, à deux millions ».

La *Société des Habitations économiques de la Seine* eut tout de suite l'occasion de manifester son activité. Dès le mois de Janvier 1904, disposant d'une somme de 100.000 francs produite par une émission nouvelle d'actions (1), elle décida « d'accepter une proposition faite par le département de la Seine de lui céder, à un prix très réduit, un terrain vacant par suite de la démolition de la prison de la Roquette ». Dès le printemps de 1906, deux grandes maisons à six étages comprenant des boutiques au rez-de-chaussée, et pouvant abriter dix-huit ménages, à raison de trois logements par étage, étaient construites et entièrement louées et habitées.

Car ceci est à remarquer et ruine de fond en comble l'objection des récalcitrants, des incrédules, de ceux qui disent que Paris ne manque pas de maisons construites et de logements vacants. La meilleure preuve que la construction des maisons à bon marché répond à un besoin, à une nécessité pressante, c'est que celles-ci, aussitôt debout, à peine sorties de terre, voient les amateurs s'empresser vers elles. Non pas, comme d'autres le pensent, des pauvres en quête de logements gratuits et bien déterminés à ne jamais payer un sou de leur loyer, mais des travailleurs honnêtes, sérieux et *solvables*. C'est là encore un point sur lequel il est utile d'insister, une prévention des gens riches contre les ouvriers, que rien ne justifie, et contre laquelle M. Ferrand, si bien placé

(1) De nouvelles souscriptions lui ont permis de porter ce capital-actions à 1.015.000 francs.

pour en parler et en juger, s'élève de toutes ses forces. Son expérience, et une longue pratique de cette clientèle, lui ont prouvé que l'ouvrier, l'employé, est aussi bon payeur que quiconque. Et ce qui le prouve d'irréfutable manière, c'est que très rares et très exceptionnelles sont les mesures de rigueur, telles que contraintes ou expulsions au moment psychologique du terme. Il est évident, néanmoins, que la population nombreuse de ces sortes de maisons, demande une direction ferme et souvent malaisée, qui ne s'improvise pas, et que des hommes rompus à ce genre d'administration sont indispensables.

III

L'action bienfaisante de ces Sociétés, leur haute valeur morale et sociale, s'imposent davantage lorsque les hasards de la vie des peuples et des cités se chargent eux-mêmes de certains rapprochements significatifs. Les dernières maisons bâties par la *Société des Habitations économiques de la Seine* (1), nous fournissent l'opposition la plus singulière et le contraste le plus violent qui se puisse imaginer,

(1) Depuis que ces lignes sont écrites, on nous signale un nouvel immeuble, à Levallois-Perret, l'*Harmonie*, contenant vingt-trois logements. Un autre est en construction à Javel.

parce qu'elles enferment à la fois de sinistres souvenirs et de présentes douceurs, posant à la fois leur pied dans le sang écarlate de la mort impure, et portant haut leur front vers le ciel, projetant comme une ombre douce sur la vie bienfaisante et calme du foyer, l'abri de leur toit protecteur.

Qui ne se souvient sans horreur et sans dégoût de cette place dont le nom sonne aussi sec et tranchant que l'affreux couperet de la guillotine : la place de la Roquette ?

La grande Roquette !

Oui, c'est là, sur ce même terrain où s'ouvraient comme des sépulcres les cellules muettes des condamnés à mort, c'est sur ce sol trempé du sang de leur supplice, que s'élèvent aujourd'hui deux maisons de logement à bon marché. Là, sur cet emplacement précis où se dressait dans le petit jour blafard des matinées d'hiver, comme dans la transparence des aubes radieuses, la fatale machine, où tant de fois s'est terminé, dans une affreuse angoisse, le dernier jour d'un condamné, là sont des maisons hospitalières, construites dans un but social; et l'on se demande si c'est bien le hasard qui les a dressées là. N'y seraient-elles pas, plutôt, comme une leçon ? Ces maisons vulgaires à six étages, maisons de pauvres et d'ouvriers, avec leurs fenêtres ouvertes comme des yeux sur l'avenir, ne seraient-elles pas là comme des monuments expiatoires et tragiques, expiatoires de séculaires injustices, vers de nouvelles destinées plus humaines et moins rudes ? Parmi ceux-là qui furent de grands criminels, qui peut dire combien ont mérité leur sort ? La Société les a rejetés, les a retranchés de son sein. Elle les a abattus comme ces chiens que l'on rencontre sur les routes, errants, sans maîtres, affamés et menaçants ; mais qu'avait-elle fait pour eux ? S'était-elle occupée de leur enfance maudite, de leur adolescence abandonnée et dépravée, de leur âge mûr sans espérance et sans emploi ? Leur a-t-elle, à un moment quelconque de leur existence misérable, tendu la main ? Combien de ceux-là n'auraient pas failli, s'ils avaient connu le refuge d'un logis sain, d'un foyer chaud, d'une famille unie et réunie, les conseils d'un père et l'affection maternelle ?

Sans doute, ils n'eurent pas la compréhension nette de ces choses pendant leur vie, mais nous devons les confesser et nous interroger sévèrement, au souvenir de ces infortunés, victimes de leurs mauvais instincts, peut-être, mais de notre égoïsme aussi, de notre indifférence et de nos retards coupables dans l'accomplissement de notre devoir social. Devant la marée montante de l'écume des grandes villes, devant les tableaux statistiques navrants qui nous montrent l'accroissement ininterrompu et formidable des suicides, des crimes de tout espèce, des mineurs débauchés, voleurs, voleuses, assassins et prostituées, devant ces faits indéniables et monstrueux, l'on ne peut plus admettre que des honnêtes gens restent les bras croisés, lèvent les yeux au ciel en déclarant : « Il n'y a rien à faire», et passent outre, vaquant en toute sécurité de conscience à leurs affaires... à leurs plaisirs. Ce n'est pas parce qu'il y a beaucoup à faire qu'il faut conclure : « Il n'y a rien à faire. » D'autant moins que le plus difficile est accompli, c'est-à-dire ce qu'il faut de volonté, d'énergie, de persévérance, de foi, pour commencer quelque chose, pour créer ce qui n'existait pas, pour surmonter surtout l'hostilité générale de ceux — ils sont légion — qui, incapables même de suivre les autres, n'ont jamais que des paroles de découragement et des sarcasmes pour leurs entreprises.

Les œuvres sociales ont été organisées partout en France. En l'espace de quelques années, elles sont sorties du sol de notre pays en abondante moisson, comme un bon grain depuis longtemps ensemencé, qui aurait trouvé tout à coup la nourriture favorable à sa germination. Elles ouvrent leurs cadres tout préparés, il suffit de les remplir. Nul n'a plus le droit de s'y refuser, surtout lorsque, comme dans la question des logements à bon marché, il en coûte si peu. Pour que ce mouvement s'étendît davantage, il faudrait des millions, il est vrai, mais pour trouver ces millions, il faudrait bien peu de chose, il suffirait que les personnes riches consentissent, comme le demande M. Ferrand, « non pas à donner, mais à placer, à un intérêt modeste et sûr, une somme de cinq à six mille francs. Ce ne serait pas un grand sacrifice, car, il faut le répéter à satiété, cette somme rapportera ce que rapporte la rente 3 1/2, et si l'on trouve des placements plus avantageux, les risques progressent en même temps que les bénéfices.

Parmi les Sociétés de construction de maisons collectives, la *Société lyonnaise de logements économiques* mérite une mention particulière, car elle est la plus florissante de toutes celles qui existent en France. Fondée en 1886 par MM. Aynard, Gillet et Mangini, elle possède actuellement 133 immeubles, soit 1.583 logements ayant coûté plus de six millions de francs.

La *Société anonyme d'Habitations économiques* a été fondée en 1890, avec le concours des Compagnies des chemins de fer de Paris-Orléans et Paris-Lyon-Méditerranée. Elle possède quatre immeubles bâtis pour loger de préférence, mais non exclusivement, les personnes employées dans ces Compagnies. « La construction de ces maisons a exercé la plus heureuse influence sur les conditions de l'habitation ouvrière dans les quartiers où elles se trouvent (1). »

IV

Une Société particulièrement intéressante est la *Société anonyme des logements économiques pour familles nombreuses*, car le but qu'elle se propose dépasse en difficultés tous les autres.

La famille nombreuse, affligée de plusieurs enfants, mais elle est mise à l'index par tous les propriétaires et tous les concierges. Elle est le fléau des maisons. Les enfants, ce sont les cris, les malpropretés, les dégradations de toutes sortes, une cause permanente de conflits entre voisins, de perpétuelles réparations et d'incessantes récriminations ! Tout le monde est d'accord pour déplorer le peu de fécondité de nos familles françaises, mais personne n'entend prendre à son compte les embarras et les ennuis des familles nombreuses. En sorte que les familles pauvres et chargées d'enfants ne savent où se loger, et celles-ci, qui sont les plus intéressantes et devraient être les mieux accueillies, sont les plus malheureuses et les plus abandonnées. Leurs ressources étant restreintes, d'autant plus restreintes qu'elles ont plus de bouches à nourrir, il ne peut leur échoir

(1) Paris charitable, *habitations économiques*.

pour logements que les plus abominables taudis.

Frappées de ces cruelles infortunes, des personnes charitables participant déjà à l'*Abri*, Société de secours à l'époque du terme, résolurent d'y remédier ; c'est par elles et par leur initiative que fut fondée la *Société anonyme de logements économiques pour familles nombreuses*, qui porte dans ses statuts cette clause extraordinaire : « Les logements ne doivent être loués qu'à des personnes ayant *au minimum trois enfants.* » Cette Société semble parfaitement réussir, puisque, vieille à peine de quelques années, elle s'est sentie les reins assez solides pour décider, dans sa dernière Assemblée générale du 21 Avril 1907, « d'augmenter son capital social de 600.000 francs, c'est-à-dire de le porter à 1.200.000 francs ». Ce sont là des chiffres respectables. L'activité de la Société n'est pas moins grande que le rapide accroissement de ses capitaux. Qu'on en juge. La mise en état de location de son premier immeuble ne date que du mois de Janvier 19.5; cependant une seconde maison, construite rue Belliard (XVIIIe arrondissement), était habitable dès l'été de 1907, alors que s'accomplissaient déjà des démarches pour l'achat d'un terrain dans le XVe arrondissement, en vue de nouvelles constructions.

L'immeuble N° 1, en plein fonctionnement

— c'est le cas de le dire, puisqu'il n'abrite pas moins de 360 enfants — est situé 5, rue du Télégraphe, dans le XXe arrondissement. Avant d'avoir fait nous-même l'ascension de cette rue, nous ne pensions pas qu'il y eût, à Paris, si l'on excepte la butte Montmartre, de quartier aussi escarpé. Celui-ci est donc on ne peut mieux choisi pour l'emplacement de ce véritable poulailler d'enfants, et l'on pourrait, sans nul doute, y établir avec succès des cures d'air. En face la station du Métropolitain, on gravit la rue de Ménilmontant. C'est toujours tout droit, « il n'y a pas à se tromper », comme disent les gens auprès de qui l'on s'informe de son chemin. Au-dessus de l'église, l'on croise la rue des Pyrénées, large comme une avenue, et plantée de beaux arbres. Tout de suite après, la rue de Ménilmontant se rétrécit. Elle se prend à monter encore plus raide, et, de place en place, les murs s'écroulent pour laisser touffer une luxuriante végétation d'arbres et de lilas. Singulier quartier ! Quelque cent mètres plus bas, c'est le faubourg bruyant, affairé, surpeuplé, brutal ; ici c'est la campagne placide, silencieuse et parfumée. Deux cartes postales illustrées, vues chez un petit débitant, nous paraissent bien résumer l'opposition qui nous frappe. L'une, en noir, nous montre les portraits d'un homme et d'une femme. A côté, les couplets obscènes d'une chanson : *La Fugue du curé de*

Chatenay, sur l'air de la *Petite Tonkinoise*. L'autre, coloriée, nous montre une ferme devant laquelle sont des hommes, des femmes, des enfants, un bol à la main. Au dessous, cette épigraphe d'une sentimentalité bien romance : « Chacun songe à sa mère en buvant du bon lait. » N'est-ce point charmant ? Et mis en belle humeur par cette idylle, nous continuons notre promenade. Au numéro 145, une vieille maison délabrée, mais qui conserve du caractère au fond de sa cour verdoyante, qu'une grille antique et rouillée sépare du chemin, nous arrête. La concierge d'en face, interrogée, s'empresse de m'instruire. « Oh ! Monsieur, c'est très vieux, c'est du temps de Mme de Maintenon, je ne sais pas si Monsieur connaît ? » Comme je lui dis que j'en ai entendu parler, voilà ma bonne femme en confiance, et elle me permet d'attendre chez elle que le grain d'Avril, qui tombe, soit passé. Je puis, de la sorte, me renseigner sur les deux rails de tramway entre lesquels je n'ai cessé de marcher pendant ma course de montagne, et qui m'intriguent : « C'est pour un tramway », m'explique la concierge.

— Je pense bien, mais il ne marche pas ?

— Comment voudriez-vous ? Cela monte trop.

— Je ne suis pas ingénieur, mais je m'en doute. Et ils vont loin, ces rails ?

— Oh ! oui, jusqu'à Romainville. Il est toujours question de les enlever, mais cela coûterait encore de l'argent !

J'en tombe d'accord. Faisons, du moins, cette économie, et espérons que ces rails du tramway de Romainville resteront encore longtemps, dans l'herbe de ce chemin, comme irrécusables témoins de l'ineptie administrative et de la dilapidation de nos fonds publics.

Le soleil me ramène au milieu des verdures luisantes et folles qui dévalent le long des pentes, et bientôt apparaît la maison que je cherche. Il faut avouer que son extérieur n'est par très séduisant. Cela tient surtout à une foule de petits balcons dont la base en briques assombrit la façade, et à l'aspect bizarre des fenêtres dont nous donnons ici un spécimen **T**. Cette forme en T tient à ce que, pour raison d'économie, l'on a construit beaucoup de demi-fenêtres. Une cloison intérieure sépare en deux le jambage du T ; la barre du haut forme vasistas, en sorte qu'il n'y a pas de place perdue le long du mur pour mettre un lit ou un meuble. Car, comme bien l'on pense, l'espace est mesuré à quelques centimètres près, pour réussir à donner, au prix moyen de 325 francs, un logement composé de quatre pièces et d'un W. C. avec tout à l'égout. L'idée des constructeurs était de pouvoir donner aux familles nombreuses une salle à manger-cuisine, une chambre pour les parents, une chambre pour les filles, une chambre pour les garçons. L'on concilie ainsi l'hygiène et la moralité.

Nos lecteurs se rappellent les mécomptes qu'eut à subir la *Société des Habitations économiques de Saint-Denis* en construisant des salles à manger-cuisines. S'adressant à une clientèle un peu différente, forcée à une économie encore plus stricte, les logements de la rue du Télégraphe sont, au contraire, vivement appréciés. La disposition des pièces, d'ailleurs, est fort ingénieuse. Elles se communiquent toutes, la salle à manger-cuisine étant placée au milieu, les deux chambres d'enfants d'un côté, la chambre des parents de l'autre. La pièce centrale est éclairée par une grande fenêtre. A côté du fourneau est placé un petit évier. Une bouche de chaleur prise au fourneau, et ménagée dans l'épaisseur du mur, adoucit l'atmosphère des deux chambres d'enfants, car celles-ci se ventilent réciproquement par le haut, la cloison de séparation ne montant pas jusqu'au plafond. Ces pièces ne jouissent que d'une demi-fenêtre. A côté de la chambre des parents, à fenêtre entière, s'ouvre un petit cabinet noir de débarras, voisin du W. C. C'est sur la salle à manger que donne le petit balcon qui fait si mal de la rue, mais donne tant de commodités aux habitants, et c'est le principal. Car lui aussi a sa part d'utilité dans le chef-d'œuvre d'économie que réalise cette maison. Si petit soit-il, il enferme cependant deux grandes caisses en bois à voliges dans chacun de ses côtés, l'une pour le linge sale, l'autre comme garde-manger. Et de la place reste encore pour laisser passer au-dessus de ces basses utilités, du rêve, du plaisir, du bonheur, avec les rayons chauds du soleil « qui luit pour tout le monde », les feuillages bruissants des jardins d'alentour, et l'horizon lointain d'un Paris si beau vu de ces sommets, dont les fatigues, les sueurs disparaissent, comme ses poussières et ses scories, et ne laissent plus briller dans l'air pur que les flèches de ses églises et les dômes de ses palais dorés. Ici le peuple aime et se repose, avec tout ce qu'il faut entendre de béatitude pour des gens de peine, par ces mots de « repos », de « délassement ».

— Mon mari n'a pas envie de sortir le soir, quand il est assis là, me dit la femme d'un menuisier dont je visite le logement.

Ce seul mot n'est-il pas le plus élogieux commentaire de l'œuvre menée à bien par la *Société des logements économiques* ?

La maison de la rue du Télégraphe offre d'autres commodités. Chaque locataire possède une cave. Mais une vingtaine seulement s'en servent, sur soixante-douze. C'est qu'une cave garnie suppose des provisions de vin, de bois, de charbon. Et la provision nécessite des ressources trop rares dans ces ménages. Pourtant le détaillant est leur ruine. Le vin s'achète au litre, le charbon au boisseau, au demi-sac, pour des prix deux fois supérieurs à ceux du marchand de gros. Il y a là un problème qui mériterait d'être étudié, et peut être insoluble, puisque l'on n'a pas pu vaincre encore la méfiance de l'ouvrier français pour les Sociétés coopératives de consommation, si florissantes ailleurs.

Un lavoir fut encore installé dans les sous-sols, très vaste, avec tous les objets nécessaires à la lessive. Mais on a été obligé de le fermer. Le lavoir est décidément la pierre d'achoppement. Celui que la *Société des Habitations économiques de la Seine* tenta d'organiser dans l'une de ses maisons, ne convint pas. Les locataires du sexe féminin ne s'en servaient point, soit faute de temps, soit, peut-être aussi, qu'elles éprouvassent quelque humiliation à laver leur linge sale, souvent bien pauvre, entre voisines. Rue du Télégraphe, l'inconvénient fut tout autre. Le dicton lorrain « bavard comme une laveuse » trouve ici très bien sa place. On bavardait trop au lavoir ; les disputes s'en suivaient, tant et si bien que, pour la paix de la maison, il fallut employer les moyens énergiques et supprimer une cause permanente de désordre.

L'immeuble de la rue du Télégraphe a coûté 393.850 francs de construction. Les frais annuels d'entretien montent à 5.079 fr. 20. Son revenu brut est de 17.697 fr. 25. Le Conseil d'administration, dans son rapport à l'Assemblée générale du 18 Février 1906, a pu, de la sorte, proposer de distribuer aux actionnaires un dividende de 3 francs par action, soit 3 %. Le résultat paraît donc satisfaisant.

Nous avons entendu critiquer beaucoup les économies que la *Société des logements économiques* a dû faire pour arriver à fournir une location à des prix aussi bas. L'esthétique de la façade est défectueux, et nous l'avons déjà signalé ; les demi-fenêtres laissent entrer moins de jour et d'air que des fenêtres entières. Cela est bien certain. L'eau n'est pas introduite dans chaque logement, il n'y a qu'un poste pour trois ménages, à chaque palier. Enfin, les pièces sont un peu petites. Il nous semble, quant à nous, que la réflexion de la femme du menuisier répond victorieusement à ces objections. L'ouvrier se trouve si bien dans cette maison, qu'une fois rentré chez lui il ne désire plus en sortir. Il n'en sortira que s'il ne peut plus payer son loyer, car, pour beaucoup, ces loyers de trois cents à quatre cents francs sont encore de lourdes charges, et c'est là ce qu'il faut surtout déplorer. Le cœur se serre de penser que le menuisier, père de cinq enfants, qui aime à prendre le frais, le soir, à son balcon, après sa longue et fatigante journée de travail, dont la vaillante compagne tient en si bon ordre le petit ménage où elle nous introduit avec tant de complaisance, que cet homme, ce brave homme, ne pourra plus, bientôt peut-être, goûter cette douceur.

— C'est bien dur, Monsieur, dit simplement et sans se plaindre, sa femme, d'économiser 35 francs tous les mois ; surtout maintenant que mon mari n'est plus tout jeune. Il a près de cinquante ans.

Il serait encore bien plus difficile, pour ces gens, d'amasser pendant tout un trimestre une centaine de francs, sans écorner une aussi grosse somme pour tel ou tel besoin. Les personnes bienfaisantes de l'*Abri*, qui connaissent les multiples difficultés de la vie ouvrière, le savent bien. Aussi la *Société de logements économiques* reçoit-elle ses loyers par acomptes, tous les mois, ou plus souvent, si les locataires le désirent. Comme ils sont soixante-douze dans la maison, on juge de la complication des comptes et des écritures pour le concierge-gérant. En conséquence, les gages de cet employé constituent-ils une lourde charge pour la *Société* ; ils sont portés à 1.600 francs. Celui qui nous accompagne n'est en place que depuis quelques jours. Il est bien nouveau dans ses fonctions, car il arrive en droite ligne d'une maison de l'avenue des Champs-Élysées où le moindre appartement coûtait 8.000 francs.

Je lui fais observer que son service sera bien changé avec les 72 locataires et les 360 enfants de son nouvel immeuble. Il en convient, mais il était contraint de revêtir la livrée aux Champs-Élysées, et cela gêne aux entournures quand on a porté comme lui, pendant dix ans, l'uniforme de sous-officier.

Je n'ai vu que des braves gens, rue du Télégraphe, et je ne regrette pas la matinée que j'ai employée à m'y rendre.

V

Bien des années ont passé depuis que Maxime Ducamp publia ses belles études sur la charité à Paris (1), et c'est à titre d'œuvre charitable que la *Société philanthropique* attira son attention. C'est comme œuvre sociale que nous avons aujourd'hui à la signaler. La *Société philanthropique* n'a pas renoncé à ses honorables traditions qui remontent jusqu'au XVIIIe siècle. Elle ne cesse pas de soutenir ses nombreuses fondations : fourneaux économiques, dispensaires pour adultes et pour enfants, asiles de nuit, hospices pour vieilles femmes, etc., mais elle n'a pas résisté au généreux élan qui entraîne les générations nouvelles vers l'œuvre sociale. Nouvelle et noble conception d'une

(1) *La Charité privée à Paris.* (Hachette, 1885, in-12.)

charité plus éclairée et plus efficace, car, au lieu d'alimenter une misère sans fond et toujours renaissante, et de la soulager à peine, elle s'attaque à la racine même du mal en s'efforçant de le prévenir. Nous savons que la construction à bon marché compte au nombre des moyens préventifs les plus certains. La *Société philanthropique* n'a donc pas hésité, sur la proposition de l'un de ses membres les plus éminents, M. Georges Picot, à entrer dans cette voie nouvelle. Précisément, en 1888, M. Michel Heine lui avait légué la somme ronde de 765.000 francs « pour être employés à une création utile ». La *Société philanthropique* estima qu'elle ne saurait mieux interpréter le vœu du donateur, qu'en employant cet argent à construire des maisons économiques. Elle se mit à l'œuvre, et trois immeubles furent bâtis, le premier, rue Jeanne-d'Arc, 45; le second, boulevard de Grenelle, 65 ; le troisième, avenue de Saint-Mandé, 27. Parlant de ces constructions devant les membres d'un *Congrès* de la *Société d'économie sociale* (1906), M. Picot a bien défini le but très précis que s'était proposée la *Société philanthropique.* « La Société, a-t-il dit, en construisant, n'a pas voulu faire œuvre de charité, mais acte de commerce. Elle a voulu montrer au public qu'on pouvait tirer de ses capitaux un intérêt convenable en construisant des maisons à bon marché. » Elle a réussi sa démonstration, puisque le revenu de ses maisons varie entre 3 et 3.30 %, pour des loyers dont le prix oscille entre 260 et 340 francs.

M. Picot insista encore sur la régularité des paiements effectués par les locataires, tous ouvriers et employés, en dépit des prévisions contraires des fâcheux, et il montra que les amateurs de ces logements se pressaient en foule à chaque vacance produite. En tous points il confirma donc ce que nous avions déjà appris par l'étude de la *Société des Habitations économiques de Saint-Denis* et *de la Seine.*

La *Société philanthropique* n'en est pas restée là. Comme chaque année on capitalise les revenus de la fondation Heine, une quatrième maison a pu être inaugurée en 1897, rue d'Hautpoul, et une cinquième, passage de Melun, à la Villette. Grâce à l'expérience acquise par les architectes, les loyers de ces logements furent diminués et descendus au minimum de 160 francs.

Plus récemment encore, des fondations diverses ont permis à la *Société philanthropique* d'étendre son action comme Société de construction : les fondations Gouin et Souvestre. Dans l'immeuble encore en construction, bâti avec la fondation Souvestre (500.000 francs), la *Société philanthropique* s'est proposé d'inaugurer un précieux perfectionnement. Elle a joint un atelier à quarante de ces logements, désireuse de favoriser, de la sorte, l'extension des ateliers de famille, ainsi qu'il fut fait dans les grands centres industriels de Saint-Étienne et de Lyon (1). Comme la construction comprend deux ailes de six étages chacune, elle donne un total de 48 logements ateliers. Dans chacun de ces ateliers, l'électricité permet de fournir une force motrice commode, sans danger d'aucune sorte, et sans nuire en rien aux meilleures conditions hygiéniques. Le coût en est assez économique parce que cette force est distribuée au compteur ; il ne s'en dépense donc jamais inutilement. Elle ne revient pas à plus de deux francs par jour pour un travail continu de dix heures.

Signalons encore une autre innovation. Une terrasse a été disposée au-dessus du sixième étage de la maison, avec buanderies et séchoirs dont les ménagères peuvent se servir à tour de rôle.

Tant d'avantages comportent naturellement un prix de loyer assez élevé. Il oscille entre 500 et 740 francs, suivant l'étage. Ces logements sont occupés par des tourneurs, fabricants de meubles, nickeleurs, ajusteurs, polisseurs, graveurs sur métaux, etc.

Nous avons dit sur quel pied étaient montées, en Angleterre, les *Rowton houses*, ou hôtels

(1) *Académie des Sciences morales et politiques*, séance du 26 Août 1906 ; lecture de M. Georges Picot.

meublés pour les célibataires. Ce genre de maison faisait complètement défaut en France. La *Société philanthropique*, toujours aux aguets du bien à faire et jalouse, pour ainsi dire, qu'aucune des afflictions dont les pauvres gens ont à gémir, n'ait trouvé auprès d'elle compassion et refuge, se mit à l'œuvre. Elle savait que si la question du logement est la plus compliquée qu'ait à résoudre la population des journaliers, soit pour les hommes, soit pour les ménages, elle devient insoluble pour les femmes seules, pour les jeunes filles. En effet, pour peu qu'un hôtel meublé, qu'un « garni » soit décent, il refuse de recevoir des femmes seules. Les tenanciers de ces établissements ne pensent pas que, par cette mesure en apparence morale, ils jettent à la rue des femmes qui n'y voulaient pas tomber; à moins qu'ils ne reculent tout simplement devant les ennuis et la peine d'une petite enquête sur les impétrantes. Quant aux hôtels borgnes et aux maisons louches, ils ouvrent toutes grandes leurs portes, et on devine dans quelles conditions. Restent les mansardes au sixième étage des maisons ; mais d'abord elles ne sont pas meublées, ensuite elles ne sont pas nombreuses, puisqu'elles sont destinées aux domestiques des locataires. De plus, toutes les personnes qui sont au courant des choses, savent qu'une femme, une jeune fille, est aussi exposée dans cette promiscuité, que dans les hôtels les plus mal fréquentés, et si sa résistance aux galanteries de la domesticité masculine est absolue et sans faiblesse, les mêmes galants séducteurs ne tardent pas à devenir ses tortionnaires ; ils lui rendent la vie impossible et la contraignent de déguerpir.

C'est pour combler cette grave lacune que la *Société philanthropique* a fait édifier trois hôtels meublés pour dames et jeunes filles, le premier 37, rue des Grandes-Carrières, en 1902, avec les sommes laissées par la baronne Hirsch de Géreuth et le docteur Marjolin ; les frais des deux autres ont été couverts par un don magnifique des héritiers de M. Jacques Stern. Le dernier construit, 97, rue de Meaux, n'a ouvert ses portes qu'en Octobre 1906. Celui de la rue Croix-Faubin, situé non loin des maisons construites par la *Société des Habitations économiques de la Seine*, sur les terrains de l'ancienne Roquette, est un peu antérieur.

Nous l'avons visité.

Il contient 150 chambres, dont 19 grandes chambres et 131 chambrettes. Le rez-de-chaussée est occupé par les appartements de la direction et un vaste salon, assez grand pour contenir toutes les pensionnaires, le dimanche. La salle à manger, en sous-sol, communique avec la cuisine au moyen d'un guichet, en sorte que les jeunes filles peuvent aisément se servir elles-mêmes. Les chambres, louées un franc par jour, sont au premier étage, les chambrettes, au second. Assez grandes encore pour contenir une petite malle, celles-ci ne possèdent ni armoire ni meuble de toilette, comme les chambres. Mais un lavabo très bien agencé et garni de rideaux, permet aux locataires de faire des toilettes très complètes, à l'abri des voisinages importuns. Les chambrettes ne coûtent que 0 fr. 60. Aux deux étages, ces petites cellules sont tenues avec la plus grande propreté, et souvent ornées de photographies, de ces menus objets que les femmes savent semer, disposer partout où elles passent, comme pour marquer leur empreinte et corriger la banalité des lieux.

La question importante, comme bien l'on pense, est celle du restaurant. Les articles de consommation sont établis aux plus bas prix. Les portions de viande coûtent 0 fr. 30, le pain, 0 fr. 05, le vin, 0 fr. 10, les légumes et le dessert, 0 fr. 10. Malgré la modicité de ces tarifs, grâce à une savante économie et à des marchés passés directement avec les producteurs, les menus sont variés, et sur celui du jour que l'on nous présente, nous voyons figurer jusqu'à du foie gras, des hors-d'œuvre divers et des fromages Gervais dont la jeunesse se montre, paraît-il, particulièrement friande. Les premiers déjeuners du matin sont servis de six heures et demie à huit heures et demie, le repas de midi, de onze heures et demie à midi et demi, celui du soir, de six heures et demie à neuf heures. Ce sont les jeunes télégraphistes et téléphonistes qui prennent leur dîner les premières, parce qu'elles ont souvent un service de nuit à continuer.

La clientèle de l'*hôtel Stern* se recrute bien dans le milieu qu'il était le plus intéressant d'atteindre. Nous avons voulu nous en assurer auprès de la directrice elle-même, car des personnes « bien informées » prétendent que les étrangères de passage à Paris en profitent plus que les Parisiennes. Il est vrai que, pendant la saison d'été, l'hôtel reçoit quelques étudiantes et institutrices en voyage, mais, pendant les trois quarts de l'année, la maison qui ne désemplit pas, abrite des ouvrières et des employées de tous les quartiers de Paris. Quelques-unes reviennent, même pour déjeuner, de la rue de la Paix. Le Métropolitain leur permet d'accomplir ce long trajet sans empiéter sur le temps accordé.

Nous ne connaissons pas les colossales *Rowton houses* dont nous avons dit un mot au début de cette étude. Ces maisons attestent un effort gigantesque, une administration savante et un esprit pratique admirable. Le bien qu'elles font est considérable, et nous n'avons pas ménagé nos louanges à ces grandes et belles institutions anglaises et américaines. Toutefois, nous serions bien étonné si l'on y rencontrait cette chose qui, surtout dans des institutions philanthropiques, double, décuple la valeur de ce que l'on fait, de ce que l'on donne, de ce que l'on vend même, puisqu'il n'est pas question ici de charité, au sens propre du mot ; et cette chose, c'est la bonté, c'est la sympathie qui s'exerce discrètement autour de cet essaim de jeunes travailleuses isolées, sans famille, et les enveloppe, dans les hôtels meublés de la *Société philanthropique*, comme d'une atmosphère chaude d'affection maternelle. C'est là, nous semble-t-il, que doit être la supériorité et le triomphe de l'œuvre française ; de moindre envergure, elle est moins administrative. Nous nous figurons, et nous ne devons pas nous tromper de beaucoup, nous nous figurons les *Rowton houses* comme ces immenses caravansérails que l'on bâtit aujourd'hui dans toutes les grandes capitales, et aux endroits décrétés « admirables » par la mode et le snobisme contemporains ; toute une population de voyageurs y passe, les habite quelque temps, en loue l'installation confortable, règle sa note et s'en va. Nul ne s'inquiète de la personnalité humaine. L'hôtel est tenu par un gérant ; l'hôte est un numéro de chambre, rien de plus. Dans cette chambre est affiché le règlement de la maison. A chacun de s'y conformer. Toute la réussite de l'entreprise se mesure par la balance des comptes à la fin de l'année. Et cela suffit pour les voyageurs riches, les heureux de ce monde, rassasiés de plaisirs ou en quête de distractions nouvelles. Mais le sel divin de l'amour, dont le cœur des pauvres est affamé, et, plus qu'aucun, le cœur de ces pauvres femmes, de ces jeunes oiseaux de passage, cela qui ne s'achète et ne se paye pas, cela se trouve aussi. et par surcroît, à la « fondation Stern ». La directrice de la maison parle de ses pensionnaires plutôt en mère de famille qu'en gérante d'hôtel et en économe.

Ce n'est pas sans une certaine fierté qu'elle préside à la visite de sa maison, qu'elle en entend vanter la propreté méticuleuse, l'ordre parfait, et aussi les parfums savoureux qui s'échappent d'une marmite chantante et reluisante. Elle nous entretient avec complaisance de ses économies et de son chiffre d'affaires : 2.800 francs par mois pour la nourriture; sept domestiques lui suffisent pour l'entretien et le service de 150 chambres. Mais, dans ces détails matériels, transparaît déjà la sollicitude d'une mère pour ses enfants. Les petits fromages Gervais coûtent bien cher pour être introduits sur une carte de desserts à 0 fr. 15. Pourtant, toutes ces jeunes filles en sont si gourmandes ! Alors la gérante a réussi à passer un marché spécial, avantageux, avec le fabricant; tous les jours elle reçoit directement sa provision, et ces demoiselles peuvent s'offrir leur fromage préféré.

Mme Liguez-Ladurée est cependant réputée pour une femme sévère. Il faut bien un peu de fermeté pour diriger ce pensionnat de grandes filles. Une fois, une seule, elle a exigé le départ de six d'entre elles. Cet exemple a servi de leçon à jamais. Derrière les yeux noirs de la directrice se cache beaucoup d'indulgence et de bonté, et celle-ci filtre en clair dans son sourire, comme les fils d'argent nombreux qui tempèrent les ombres de sa chevelure brune. Tout de suite derrière le chef d'administration se trouve la femme, la femme imbue de son devoir complexe, où la préoccupation des âmes ne tient pas moins de place que la tenue des comptes et la direction de la cuisine.

Elle ne s'impose pas du tout. En dehors de la maison, les jeunes filles sont libres et font ce qu'elles veulent. Pourvu qu'elles soient rentrées le soir à dix heures et qu'elles aient une tenue décente, on ne leur demande rien de plus. Mais la directrice sait se faire aimer ; l'on ne ne s'en écarte pas, mais on vient à elle, l'on s'en rapproche de soi-même. Elle possède la confiance et l'affection de ses jeunes pensionnaires, et s'avance jusqu'à leurs plus intimes secrets. De plus d'une, me dit-elle, elle a obtenu la rupture de liens déjà bien doux et bien forts, à l'âge des illusions et des amours. A d'autres, qui ne peuvent pas s'acquitter tout de suite du prix de leur modeste pension, elle donne du temps, en dépit de l'article contraire du règlement : *les loyers, soit à la nuit, soit à la semaine, sont toujours payés d'avance.* Cette dérogation n'a pas coûté cher à la caisse de l'œuvre, jusqu'ici : *onze francs cinquante centimes,* en deux ans, largement compensés par des témoignages de reconnaissance touchants, telle la jeune fleuriste dont l'histoire m'est contée. Ayant mis plusieurs semaines à s'acquitter de sa dette, avec son dernier versement elle offrit à la directrice un bouquet de fleurs artificielles faites de sa main, à ses frais, et certainement en diminution de ses heures de sommeil et de repos.

Mme Liguez-Ladurée soigne aussi de son mieux celles qui sont souffrantes. Elle s'occupe encore de trouver de l'ouvrage aux jeunes filles qui en manquent. Elle a sur ce point de vastes projets, de concert avec les directeurs des grands magasins. Peut-être ne sont-ils pas loin de la réalisation.

L'on voit, par ce que nous venons de dire, tout ce qui peut entrer de charité, au sens le plus noble du mot, dans une œuvre pourtant traitée comme une entreprise financière, et dont les conditions matérielles, les résultats positifs, sont exactement contrôlés et donnent, en outre, toute satisfaction.

Si les hôtels meublés de la *Société philanthropique*, fonctionnant et organisés en hôtels, sont uniques en leur genre, ajoutons que d'autres maisons sont ouvertes aux jeunes filles dans Paris. Celles-ci constituent des œuvres spéciales ; fort utiles et très bienfaisantes, il ne faut cependant pas les confondre avec des œuvres charitables, car toutes réclament de leurs pensionnaires un certain prix de pension. Les *Sœurs de Saint-Vincent de Paul* se sont fait comme une sorte de spécialité du genre. Ce sont elles qui dirigent l'*Œuvre de Notre-Dame de Bonne Garde*, rue de la Sourdière, sous le patronnage du curé de la paroisse. Toujours sous leur direction, cette œuvre a essaimé dans plusieurs quartiers de Paris, rue Oudinot, rue Geoffroy-L'Asnier, rue de Monceau, rue Réaumur, rue d'Angoulême, etc., au total quatorze maisons qui offrent aux jeunes filles isolées un gîte honnête moyennant une rétribution de 1 fr. 50 par jour, ou une pension de 40 à 50 francs par mois. En dehors de ces maisons, l'on compte encore une quinzaine d'institutions analogues : l'*Œuvre des maisons de famille pour jeunes filles isolées*, présidée par Mme la baronne de Bully, l'*hôtel meublé*, très bien aménagé, construit par la Société des Dames des Postes, Téléphones et Télégraphes ; la *Maison de famille de l'Aiguille*, cité du Retiro ; la *Maison de famille, pour les jeunes ouvrières*, fondée déjà en 1872 et dirigée par les religieuses de Marie Auxiliatrice, plus connue sous le nom de leur magnifique sanatorium de *Villepinte*; cette maison, récemment agrandie, peut contenir aujourd'hui 140 jeunes filles. Un quartier spécial est réservé pour les institutrices, au prix de 100 francs par mois. Citons encore l'*Association des demoiselles du Commerce*, etc.

Signalons aussi l'intéressante initiative de l'*Armée du Salut*, trop connue à Paris par les chapeaux de ses adeptes, et pas assez par ses œuvres très sérieuses et très intéressantes. Elle a ouvert une hôtellerie populaire pour femmes et jeunes filles 10, rue Fontaine-au-Roi, sur le modèle de son hôtellerie populaire pour hommes de la rue de Chabrol. L'organisation est identique, seuls les prix diffèrent, avec une légère diminution en faveur des femmes : lits en dortoirs, à 0 fr. 30 la nuit ; chambrettes, à 2 fr. 50 la semaine ; chambres fermant à clef, à 15, 18 et 20 francs par mois.

CHAPITRE IV

LES SOCIÉTÉS DE CONSTRUCTION A BON MARCHÉ

B. — LES MAISONS INDIVIDUELLES

SOMMAIRE: Des conditions pour acquérir la propriété d'une maison individuelle. — Monographie d'une famille d'ouvriers parisiens ; un type d'ouvrier anarchiste.

COMMENT ON DEVIENT PROPRIÉTAIRE : 1° Location avec promesse de vente ; 2° Prêt hypothécaire individuel ; 3° Les sociétés coopératives de construction à bon marché.

I

Parmi les Sociétés qui se proposent de construire des maisons individuelles, quelques-unes n'ont en vue que la location de ces maisons. Elles sont en petit nombre et réussissent mal, car les prix qu'entraîne la construction d'une maison individuelle sont trop élevés pour permettre à la fois d'offrir un loyer bon marché et de donner aux actionnaires un intérêt rémunérateur. Au contraire, les efforts faits dans ce sens par les grandes Sociétés industrielles, en faveur de leurs ouvriers, donnent d'excellents résultats ; mais la situation est toute différente.

Il ne s'agit plus alors de Sociétés financières qui cherchent à rétribuer un capital donné, mais de patrons de Sociétés industrielles qui consentent à faire un sacrifice d'argent pour que leurs ouvriers soient mieux logés, vivent dans des conditions hygiéniques et morales meilleures. Dans cet ordre d'idées, l'on ne saurait avoir trop de louanges pour les généreux philanthropes qui, aux qualités d'habiles producteurs de richesses, ajoutent celles, plus rares encore, d'hommes de cœur et d'hommes de bien. Ces noms des grands chefs de nos industries les plus prospères, tout le monde les connaît. Ce sont les Sociétés des Mines de Sens et de Bouvrin, les Compagnies des Mines d'Anzin, de Blanzy et de Montceau-les-Mines ; à Noisiel, M. Menier ; à Varangeville, MM. Solvay ; au Creuzot, MM. Schneider et Cie ; à la Blanchisserie de Thaon, MM. Lederlin ; à Dieulouard, MM. Gouvy et Cie, etc. On pourrait allonger beaucoup cette liste, pour le plus grand honneur de l'industrie française et la plus grande gloire de ses patrons, aussi décriés que les propriétaires.

Mais si nous sortons des conditions favorables et spéciales créées par des patrons isolés, la question se complique, et telle qu'elle se pose : « Comment devenir propriétaire ? » elle est très délicate à résoudre et comporte des réponses fort différentes.

Disons-le tout de suite, il ne faut pas se faire illusion. Tout le monde ne peut pas devenir propriétaire. Quelle que soit la bonne volonté, quels que soient l'ordre, l'économie, la sobriété de certaines gens et de certains ménages ouvriers, quelle que soit leur ardeur au travail et quoi qu'on fasse pour les aider, à quelque merveilleuse combinaison que l'on ait recours en faisant intervenir à la fois les avances de fonds, les prêts hypothécaires, les caisses d'épargne, les exonérations de droits et d'impôts, la législation la plus débonnaire et la plus bienveillante, quoi qu'on imagine, l'accession à la propriété sera toujours et à jamais un leurre pour une partie, une partie considérable de la population ouvrière. Car, en définitive et en résumé, on ne peut pas construire une maison à moins de 5.000 à 6.000 francs, et il faut qu'un jour ou l'autre cette somme soit sortie de la poche du modeste travailleur. Or il est impossible, pour beaucoup (1), pour la plupart d'entre eux, d'arriver à économiser, même sou à sou, et pendant toute leur vie de labeur, une pareille somme qui constitue un véritable capital. Quelque pénible et décevante pour les cœurs charitables, toujours émus devant les détresses imméritées, que soit la dure mais implacable

(1) Se rappeler que les économistes estiment la moyenne des salaires à 5 francs par jour pour l'homme, et à 2 fr. 50 à 3 francs pour la femme.

réalité, il ne faut pas hésiter à la reconnaître, car c'est la vérité. Les illusions, en pareille matière, seraient dangereuses, elles entraîneraient à des opérations finalement désastreuses, de trop petites bourses et de trop pauvres économies.

L'on aurait tort, toutefois, de se décourager, car le résultat acquis serait déjà considérable, si l'on parvenait à rendre propriétaires tant d'ouvriers d'élite, tels que des peintres-décorateurs, des ouvriers d'art, des mécaniciens-ajusteurs, des conducteurs de machines, des garçons coiffeurs ou chapeliers, etc., etc., qui gagnent des journées de 10, 15 et 20 francs, mènent joyeuse vie... pendant un temps, dépensant tout leur salaire et travaillant peu, parce que bien payés, et qui restent à la merci du premier chômage, de la première maladie venue, sans compter l'inévitable et incurable vieillesse. C'est dans ce milieu, d'ailleurs, que se recrutent le plus de socialistes révolutionnaires, et les plus dangereux. Ayant plus de loisirs que les ouvriers ordinaires, plus intelligents et plus instruits, lisant davantage, ils offrent un terrain tout préparé pour la semence répandue par les journaux, les livres et les brochures qui leur sont destinés. Disciples d'abord, apôtres bientôt, ils donnent une nouvelle force et un nouvel élan aux doctrines subversives et malfaisantes.

II

Que l'on puisse, d'ailleurs, être un très brave homme, dans toute la force et la plénitude du terme, et professer des idées anarchistes, c'est ce que le docteur J. Bailhache a montré dans une récente et bien curieuse étude (1). Un seul phénomène est capable d'enrayer le mal, peut éteindre cet incendie dévastateur : l'acquisition de la propriété. Devant ce fait simple et brutal, tous les échafaudages de la pensée s'écroulent comme château de cartes, tout le mirage des vaines chimères, tous les mensonges économiques et sociaux s'éclipsent, tels ces nuages que dissipe le vent, et l'homme affolé reprend sa raison, comme l'aveugle opéré de la cataracte est rendu à la lumière. Aucune preuve de cette vérité ne saurait apparaître plus évidente que dans l'exemple offert par le docteur Bailhache dans sa *Monographie d'une famille d'ouvriers parisiens, un type d'ouvrier anarchiste*, car elle ne part pas de principes posés *a priori*, mais elle procède de la seule méthode scientifique : l'observation, l'analyse des faits. Elle dispose donc d'une force démonstrative supérieure à toutes les dissertations philosophiques, à toutes les théories politiques.

Notre ouvrier anarchiste n'est pas un per-

(1) Dans la *Science sociale* du mois de Mai 1905.

sonnage de roman inventé pour les besoins de la cause. Il s'appelle Lebrun. Il existe. « C'est arrivé », comme on dit. L'auteur de cette « monographie » s'est inspiré de la méthode de Le Play. Il a donc pénétré dans la famille Lebrun. Il a su lui inspirer confiance, et Lebrun lui a conté sa vie, celle de sa famille, de sa femme et de ses enfants, il lui a donné ses origines, l'a mis au fait de son travail. Il a ouvert devant lui ses livres de comptes, et discuté avec lui les articles de son budget. C'est donc une confession complète qui nous est révélée, et, à la suite de l'auteur, nous pénétrons dans l'intimité de Lebrun.

Une chose nous frappe et nous étonne tout d'abord, c'est l'opposition complète des faits et des sentiments qui se décèlent, avec ceux que l'on s'attendait à rencontrer. L'on s'imagine d'abord, ce que peut, ce que doit être le ménage d'un ouvrier anarchiste, ancien membre de la Commune, fils d'un vieux combattant de 1848, et l'on pense trouver partout, dans sa personne et dans sa vie, dans ses actes comme dans les objets à son usage journalier, la trace ou le reflet de ses idées anarchiques, c'est-à-dire le désordre. Rien de plus faux. Lebrun est un brave homme. Sa femme est bonne ménagère. Non seulement ils aiment bien leurs enfants pour qui ils ont fait de grands sacrifices d'argent, mais ils sont serviables à l'excès, et leur obligeance pour des voisins, les bontés qu'ils ont eues en recueillant, à plusieurs reprises, des parents éloignés, dans leur modeste logis, ont souvent obéré leurs finances. Ce logis est bien tenu et garni de meubles en bon état. Tous les membres de la famille Lebrun sont convenablement vêtus. Lui-même a porté longtemps une redingote et un chapeau haut de forme, le dimanche, puis il a trouvé que cette tenue « l'embourgeoisait » trop. D'ailleurs, Lebrun n'est pas un malheureux, et il ne se plaint pas de ses patrons. Il gagne, en moyenne, 7 fr. 50 par jour, et sa femme 3 fr. 90. Il travaille avec sa femme dans le même atelier de cartonnages, et ils ont eu la chance de ne jamais connaître ni la maladie ni le chômage. En vain chercherait-on comment la végétation touffue et désordonnée des idées anarchiques a pu pousser sous le crâne de cet ouvrier rangé, sobre, de ce père de famille vivant dans l'aisance, au milieu de sa famille, dont le budget se monte à près de 4.000 francs par an, en vain si lui-même ne montrait avec orgueil les rayons de sa bibliothèque. Et l'on reste stupéfait. Dans ce logis d'ouvrier, du prix de 320 francs par an, l'on voit plusieurs centaines de volumes rangés avec ordre, et constituant un fond de lecture comme bien peu de bourgeois peuvent se flatter d'en avoir composé : Henri Martin, Louis Blanc, Augustin Thierry, le grand dictionnaire de Littré, Homère, Platon, les grands classiques de l'antiquité grecque, romaine, et de la littérature française, Don Quichotte, Tourguéneff, etc., etc. Mais à côté de Montesquieu, Rousseau ; à côté de Xavier de Maistre, Blanqui, et de Spencer, Kropotkine. De la lecture du *Contrat social*, Lebrun a retenu ces aphorismes qu'il se plaît à répéter : « Les fruits sont à tous, et la terre n'est à personne », « l'homme est né libre, et partout il est dans les fers ». Cette vaste bibliothèque ne suffit pas, toutefois, à cet homme passionné de s'instruire, consacrant tous ses dimanches à la lecture. Il se fait inscrire à la *Bibliothèque socialiste* du XIXe arrondissement. Il dévore les articles de Jules Vallès et d'Elisée Reclus dans le *Cri du Peuple* ; les *Paroles d'un Révolté*, de Kropotkine, l'enthousiasment. Il recommande ce livre aux camarades et fait des prosélytes. Le voilà affilié aux groupes d'anarchistes.

La brochure du docteur Bailhache se termine par un court appendice. Huit années se sont passées depuis qu'il a fait sa minutieuse enquête auprès du compagnon. Un hasard l'a mis de nouveau en rapport avec Lebrun. A sa grande surprise, il trouve notre homme tout changé. Il n'est plus anarchiste ; il a donné sa démission aux différents groupes dont il était membre. Que s'est-il donc passé ? — Lebrun a réalisé des économies, ce qui ne lui était pas encore arrivé, et il est devenu propriétaire ! « Il a réalisé le grand désir de toute sa vie, dit-il, il possède un lopin de terre à la campagne, aux environs de Paris. » Il fait maintenant partie de deux Sociétés d'épargne et de deux Sociétés d'achat de terrain. Dans son petit jardin, il a d'abord cultivé des légumes, puis planté une « masse d'arbres fruitiers », selon son expression. Alors le goût de la propriété se développant, l'idée lui est venue de se construire une petite « bicoque », si fragile édifice qu'une nuit de tempête a suffi pour tout jeter à terre. Lebrun ne s'est pas découragé. Cette fois, il veut bâtir une chose solide. Pour 300 francs, il achète un mille de pavés de mâchefer. Il fait tout lui-même, il creuse sa cave, il prépare les fondations, il élève les murs, il s'improvise terrassier et maçon. « Depuis que j'ai mon terrain, dit-il, c'est étonnant combien j'ai fait d'économies. Dame ! il faut se serrer un peu ; c'est ainsi que je n'achète plus guère de livres... »

Heureusement !

Cette histoire, nous le répétons, n'est pas inventée à plaisir pour les besoins de la cause. Elle est vécue et prise sur le vif, et elle prouve deux choses : le péril des lectures trop fortes, le danger d'une instruction hâtive, nécessairement incomplète, au hasard des livres, des circonstances, sans méthode et sans culture préparatoire. Par contre, elle met en évidence le rôle éminemment moralisateur de la propriété individuelle. « Le seul attrait qu'elle inspire, comme le remarque le docteur Bailhache, réussit à pousser à l'épargne des gens qui n'y étaient pas portés. » Ajoutons que ce sentiment est si naturel et si humain, que lorsqu'il a commencé de recevoir quelque satisfaction, il devient plus fort que toutes les théories anarchiques ou socialistes. Il prend le rôle que les bons microbes remplissent dans notre individu, contre les microbes pathogènes. Il faut que ceux-ci soient dévorés par ceux-là pour que le corps reprenne son équilibre et recouvre la santé.

III

Comment devenir propriétaire ? — La pratique des hommes et des choses, l'observation impartiale et désintéressée des faits, nous prouve donc l'erreur absolue des théories collectivistes, et la preuve de leur malfaisance découle toute seule de tous les bienfaits évidents qui se rattachent à la possession de la propriété individuelle, bienfaits d'ordre moral et d'ordre social. Il n'y a donc pas d'œuvre meilleure que de faciliter, au plus grand nombre possible d'individus, l'accession de cette propriété. Son seul inconvénient est de se limiter forcément, par suite de circonstances inéluctables, à une certaine catégorie d'individus. Par exemple, il ne suffit pas que l'ouvrier gagne un salaire suffisant pour qu'il devienne propriétaire de sa maison. Il faut, en outre, qu'il se décide à entrer dans la combinaison d'une Société quelconque, assez jeune pour avoir le temps de payer sa dette, une vingtaine d'années. Il faut, de plus, que l'usine où il est employé soit située dans un centre industriel assez considérable pour que, s'il vient à perdre sa place, il soit assuré de retrouver du travail sans être obligé de changer sa résidence, car, d'une part, en cas de chômage, il risquerait de ne plus pouvoir opérer le versement des annuités auxquelles il s'est engagé, et, d'autre part, s'il était mis dans la nécessité de partir pour travailler, il serait obligé d'abandonner la maison et de perdre, avec ses économies, le fruit précieux qu'il s'en promettait.

Mais, lorsqu'il réunit ces conditions, l'ouvrier propriétaire peut être compté parmi les plus heureux ; « sa famille est à l'abri des promiscuités du dehors, et ses enfants à l'écart des mauvais exemples de la rue ; dans cette maison bien aérée et ventilée, il est aussi préservé que possible des maladies contagieuses ; confortablement installé, le soir, dans une petite chambre ornée par ses soins, il peut trouver auprès de sa femme et de ses enfants un repos salutaire. Il est, en outre, tranquille pour ses vieux jours, car il sait que bien peu de vieillards seraient à la charge de l'Assistance publique ou privée, s'ils n'avaient pas de loyer à payer. Et enfin l'idée de la mort le trouble moins, car il a l'assurance de laisser aux siens la jouissance d'un intérieur confortable, cette maison constituant pour sa veuve et ses orphelins le plus précieux des héritages (1). »

L'ouvrier peut se rendre acquéreur de sa maison, de trois manières différentes.

La plus ancienne est la moins employée aujourd'hui, nous voulons dire la *Location avec promesse de vente.* Tout le monde connaît la forme et les conditions de ces contrats. Ils comportent certains inconvénients assez sérieux pour le contractant comme pour la Société cessionnaire. C'est la raison qui les fait peu à peu abandonner. Un assez grand nombre de Sociétés fonctionnent pourtant sous ce régime. Citons la *Société des maisons ouvrières de Mulhouse*, la *Société havraise des cités ouvrières*, la *Société des habitations ouvrières de Passy-Auteuil*, la *Société Bordelaise*, etc.

L'accession à la propriété par le *Prêt hypothécaire individuel* consiste essentiellement dans le prêt d'une somme déterminée représentant seulement une partie de la valeur de l'immeuble à construire. Elle constitue une opération de banque ou de crédit populaire, mais com-

(1) FERRAND.

bien séduisante, puisque l'emprunteur est propriétaire de la maison dès le premier jour! Toutes les Sociétés de construction qui adoptent les statuts types du ministère du Travail, peuvent aussi bien faire ce genre d'opération que les Sociétés spéciales. La *Société des Habitations économiques de la Seine* commence à s'y livrer. Elle se félicite du mouvement favorable à ses entreprises, qu'elle a ainsi déterminé et qu'elle peut déjà constater dans sa clientèle. Au Congrès de la *Réforme Sociale*, tenu en 1906, le président, M. Rostand, en même temps président de la *Société des Habitations salubres et à bon marché de Marseille*, a vanté le prêt hypothécaire comme le meilleur mode d'acquisition de la propriété. Parlant des excellents résultats obtenus à Marseille : « Pas une seule fois, disait-il, l'on a été obligé de recourir à l'expropriation forcée pour non paiement. » Bien au contraire, ce sont les paiements anticipés de la dette qui sont fréquents, et M. Rostand racontait le fait d'ouvriers rachetant, en quelques années, leur maison, par le produit d'heures supplémentaires de travail, dans leur hâte de jouir sans restriction de cette bienheureuse propriété. Et telle est sa vertu excitatrice au travail et à l'épargne!

Le coût de l'opération est ainsi calculé que, pour une maison de 5.000 francs, par exemple, l'emprunteur devra payer, pendant vingt ans, une annuité de 411 fr. 75, somme qui n'est pas supérieure à celle que lui coûterait la location d'un logement aussi commode, aussi vaste, aussi sain que sa maison. Mais au bout de vingt ans, lorsque l'ouvrier âgé de 45 ou 50 ans -- la vieillesse déjà pour lui — voit son salaire diminuer avec ses forces, au lieu de commencer à se restreindre, dans l'angoisse croissante du terme à solder, il reste logé gratuitement dans sa maison. A la place du misérable vagabond qu'il deviendrait, il reste un père de famille respectable et rassuré, fondateur d'un foyer.

Mais dans la vie de l'ouvrier qui peine, qui court des risques, qui exerce souvent un métier dangereux, il faut prévoir, plus que pour tout autre homme, la mort. Et une période de vingt ans, pour tout le monde, est un bien long terme. Il ne faut donc pas, il serait immoral que la famille de l'ouvrier victime de la maladie, d'un accident, que la famille incapable de continuer à payer les annuités souscrites, par la disparition même de son chef, se trouvât frustrée de tous les efforts consentis par lui en vue d'assurer aux siens les garanties d'une petite propriété. Alors l'on a trouvé une solution élégante, comme disent les mathématiciens : l'*assurance sur la vie.* A la mort de l'assuré, la Société d'assurances rembourse la Société de construction ou de prêt hypothécaire, et la famille conserve la maison. Mais ici se lève une objection. Il est probable que l'ouvrier, déjà surchargé de dépenses par les règlements successifs de sa dette principale, ne possédera pas, par surcroît, la somme de quatre ou cinq cents francs réclamés pour l'acquit de sa prime. Comment tourner la difficulté ? La Société de construction ou de prêt intervient de nouveau ; elle fait elle-même le versement à la Société d'assurances, en majorant de la valeur de cette prime la totalité du prêt qu'elle consent.

Les Sociétés entrées dans cette voie ne sont pas très nombreuses. Avec les *Sociétés économiques de la Seine* et de *Marseille*, on ne trouve que le *Foyer du travailleur*, le *Coin de Terre et le Foyer*, l'*Association fraternelle des ouvriers et employés de chemins de fer*, et la *Société de Secours mutuels de Thaon*.

Malgré les avantages du prêt hypothécaire comme moyen d'acquérir la propriété, ce sont les *Sociétés coopératives de construction à bon marché* qui rencontrent le plus de succès dans le monde entier, et dont le système est le plus généralement suivi. C'est la *Société coopérative* qui paraît enfin l'emporter, si l'on considère sa valeur éducative. « Non seulement par ce moyen, dit M. Ferrand, l'ouvrier fait son apprentissage de propriétaire, mais en même temps il est obligé de prendre part à l'administration d'une Société, et de s'initier ainsi à toutes les obligations d'une gestion financière sérieuse et aux responsabilités qu'elle comporte... Ces Sociétés apportent à l'ouvrier tous les avantages que nous avons rencontrés dans l'organisation du prêt hypothécaire individuel et dans la location avec promesse de vente, et atténue quelques-uns des inconvénients les plus graves que présentent ces deux systèmes. Elles n'exigent pas de l'ouvrier l'apport d'une mise de fonds considérable, et, pour les tiers, la garantie du remboursement des sommes avancées est plus sérieuse, puisqu'à la responsabilité individuelle est substituée la responsabilité collective de tous les adhérents. Leur inconvénient est, par contre, de confier l'administration de capitaux assez importants à des Conseils d'administration composés d'hommes un peu inexpérimentés. »

Ajoutons que cet inconvénient est très atténué, dans la pratique, par l'influence considérable exercée sur ces gestions par la *Société de crédit des Habitations à bon marché* (1).

(1) Les dernières statistiques nous montrent 217 sociétés d'habitations à bon marché constituées et « approuvées » depuis la loi organique de 1894 :

Sociétés coopératives	125
Sociétés anonymes	83
Sociétés civiles.	8
Sociétés en participation	1
Total.	217

On voit que les sociétés coopératives représentent plus de la moitié du total (54 %) ; et si, pour mettre en lumière la faveur

Le fonctionnement d'une Société coopérative de construction à bon marché est une chose délicate et compliquée, et, pour le faire bien comprendre, il est nécessaire d'entrer dans des détails techniques longs et arides. Les personnes désireuses de s'en instruire se reporteront aux livres spéciaux qui traitent de ce sujet.

Quant à nous, nous pensons en avoir dit assez pour donner une idée générale de la question des habitations à bon marché. Nous estimerons notre tâche terminée si nous avons pu intéresser ceux qui l'ignoraient encore, à ce vaste problème économique, si nous avons su leur faire comprendre son utilité, et leur donner le désir de collaborer, pour leur part, à ces belles entreprises d'un intérêt social si grand, et d'une portée morale si haute.

dont elles jouissent, nous partageons ce total en deux périodes : l'une allant de 1894 à 1899, l'autre de 1900 à 1906, nous obtenons le tableau suivant :

FORME DES SOCIÉTÉS	NOMBRE DES SOCIÉTÉS FORMÉES		
—	De 1894 à 1899	De 1900 à 1906	Total
	—	—	—
Coopératives. . . .	18	107	125
Anonymes.	32	51	83
Civiles	1	7	8
En participation. .	»	1	1
Totaux	51	166	217
Moyennes annuelles.	8 1/2	23 1/2	16 1/2

Il est bon de noter que l'effort des sociétés coopératives se porte d'abord sur la maison isolée et non point sur la maison collective, que semble plus spécialement se réserver la société anonyme. — (*La Réforme sociale*, 1er Février 1908.)

ŒUVRES COMPLÉMENTAIRES

DES

DES SOCIÉTÉS D'HABITATION

A BON MARCHÉ

CHAPITRE I

LES SECOURS DE LOYER

SOMMAIRE. — L'ABRI. — I. 300.000 braves travailleurs candidats à la misère, à Paris. L'énigme du terme. But de l'*Abri*. L'escalier de service. Influence de l'habitation sur le moral. Quartiers pauvres et quartiers riches. — II. L'œuvre sociale de l'*Abri* : sauver la famille. Son vestiaire. Sa maison pour familles nombreuses. Liste de ses Comités dans les différents quartiers de Paris.

LA SOCIÉTÉ DU LOGEMENT OUVRIER. — Son but : vulgarisation des principes les plus élémentaires d'assainissement et d'hygiène domestique.

ŒUVRES DIVERSES. — Œuvre *Orville-Meylins*. — *La Solidarité*. — Don *Rothschild*. — L'*Assistance publique*. — La *Ville de Paris*. — L'*Etat*.

CAISSES DE LOYERS. — Elles développent le sens de l'épargne, rare dans la classe des travailleurs. — Leur origine. — Leur petit nombre.

L'ABRI

I

Nous avons eu soin, en traitant la question des *Habitations à bon marché*, de faire une importante réserve. L'ouvrier habitant sa maison spacieuse et coquette, souriante sous un capuchon de chèvrefeuille ou de glycines, à la campagne, n'est pas un leurre. Elle existe à un assez grand nombre d'exemplaires, et plus d'un ménage heureux, économe et rangé, s'y abrite. Moins rares encore sont les maisons collectives. Cependant, avons-nous dit, il est évident que les prix de ces sortes de maisons ou de logements, dépassent encore les charges que peut supporter la moyenne des familles ouvrières, surtout celles chargées d'enfants. Seule une élite d'ouvriers, de commis, d'employés, peut y prétendre et y atteindre. Dans la généralité des cas, nous nous trouvons en face de gens qui, non seulement ne peuvent prélever sur leurs modestes salaires, les sommes relativement importantes et indispensables à l'acquisition de leur maison, mais sont très embarrassés de faire face aux exigences immédiates, et pourtant réduites, de leur terme prochain. Ce sont ceux que le docteur Letulle appelle d'une forte, mais navrante expression, « les braves gens travailleurs candidats à la misère » (1). Ils sont *trois ou quatre cent mille* à Paris. Pour eux se pose périodiquement, comme une énigme, la question angoissante du terme. Ce glaive est toujours suspendu au-dessus de leur tête, prêt à trancher leur vie, si le fil qui le retient vient à se rompre : au premier chômage, à la première maladie, à toutes ces causes d'accident dont l'existence et le

(1) Assemblée générale de l'*Abri*, du 15 Mai 1905.

bonheur de chacun de nous sont perpétuellement menacés, et plus que tous autres la vie et le bonheur (s'il en est pour eux) des pauvres gens. Il n'est pas exagéré de dire que la question du loyer est une question de vie ou de mort pour ces petits ménages, car s'ils ne payent pas, s'ils sont expulsés, si leurs meubles sont vendus, ils tombent au garni. Or, affirme encore le docteur Letulle, « le garni tue ses locataires dans la proportion de 90 à 95 % ; le garni, ce grand pourvoyeur de l'alcoolisme par le cabaret qui attire et retient l'homme ; le garni, ce grand pourvoyeur de la prostitution ». Et ajoutons, au lendemain du jour où sont connus les résultats déplorables du dernier recensement en France : le garni, l'agent par excellence de la dépopulation, puisque par les maladies et les tares physiques qu'entraînent les vices de l'alcoolisme et de la prostitution, il compromet par dégénérescence, ou tue, la race dans son germe et à son berceau.

Retenir ces gens sur la pente fatale, les empêcher de choir à cette dernière et définitive dégradation ; sauver d'un mal si grand, avec le mari, la femme et les enfants ; arriver au moment psychologique de leur existence, à l'instant où lassés d'une longue lutte avec leur sombre destinée, épuisés par un chômage, une grève, les frais supplémentaires entraînés par les couches de la mère, un accident de chantier, etc., ils vont franchir la faible barrière qui sépare le travailleur du misérable; leur prêter la main secourable qui les retiendra du bon côté, et, mieux encore, leur apporter avec une contribution momentanée d'argent, ce réconfort moral d'une amitié inattendue et désintéressée, qui ranime les courages à bout et relève l'individu dans sa dignité d'homme abattue, quelle belle tâche à remplir, de quelle grandeur morale et de quelle utilité pratique ! C'est celle que s'est proposée l'œuvre de l'*Abri*.

Nous insistons tout de suite sur le caractère éminemment *social* qu'a su donner, dès son origine, et continuer depuis, cette œuvre, à son organisation. Il ne lui eût été que trop facile de tomber dans la charité pure et simple. C'est contre cet écueil, que des amis un peu sceptiques l'avaient prémunie tout d'abord, dans l'idée qu'elle l'éviterait difficilement. Elle est victorieusement sortie de l'épreuve, mais non sans peine, et grâce au dévouement inlassable des membres qu'elle a su trouver et réunir.

Autrefois, comme l'observait M. Pouillet, dans son discours à l'*Assemblée générale* du 16 Mars 1903, les pauvres n'étaient pas séparés des riches comme aujourd'hui. « Dans mon enfance, dit-il, j'ai vu que les maisons étaient comme de petits phalanstères, dont les locataires n'étaient pas tout à fait étrangers les uns aux autres. Au premier, habitait l'homme opulent ; au-dessus, l'homme aisé, puis l'employé, enfin tout en haut, les petites gens, comme on disait ; car, en ce temps-là, les serviteurs couchaient dans l'appartement et faisaient partie de la famille, au lieu que le cinquième étage, loin de la surveillance du maître, fût, comme aujourd'hui, livré à la promiscuité et au dévergondage de la domesticité. En ce temps-là, sans qu'on se connût, du premier au cinquième étage, *on ne s'ignorait pas*. Quand un accident, un chômage prolongé, venaient à frapper les gens du cinquième, les autres étages s'émouvaient naturellement et venaient à leur aide. Il y avait, par la force même des choses, entre les habitants d'une même maison, un peu de solidarité inconsciente. » Ces usages, qui déjà nous paraissent antiques, ont disparu. Non seulement, comme le déplore M. Pouillet, on a créé les escaliers de service à l'usage des cuisines et des offices, et aussi pour desservir les petits appartements afin « d'éviter de fâcheux contacts », mais, peu à peu, la scission s'est marquée de plus en plus tranchée entre les quartiers riches et les quartiers pauvres. Ceux-ci s'en sont allés toujours plus loin, repoussés vers la périphérie par les « embellissements » successifs de la partie plus centrale de la ville. Ils se sont cantonnés dans leurs « faubourgs », entassés dans les vieilles maisons, sans air, sans lumière et sans joie. Et peut-être serait-ce ici la place de rappeler ce qu'un physiologiste éminent, le docteur Broca, observait à propos de l'influence exercée par l'habitation, sur la vie physique et morale de l'individu et de la famille : « Influence considérable, disait-il (1) ; et en cela l'espèce humaine ne fait qu'obéir, avec les particularités intellectuelles et morales qui lui sont propres, à une loi générale de biologie, car tous les naturalistes savent que tous les animaux, tous les végétaux, subissent des transformations très nettes sous l'influence de l'habitat. » Cette séparation des quartiers et des maisons, n'a-t-elle pas coïncidé avec le fossé de plus en plus large et de plus en plus profond, qui s'est creusé entre les classes, et les a rendues plus ennemies, dans l'enceinte de la même ville, que si les frontières de l'étranger s'élevaient entre elles ? Et faut-il beaucoup s'étonner des agglomérations de haines, dans les agglomérations de la souffrance et de la misère ?

On commence à s'apercevoir, aujourd'hui, des dangers d'un tel état de choses, de tout ce qu'il a d'antisocial et d'inhumain. Puisqu'il est impossible que ce soient les pauvres qui viennent habiter les quartiers riches, ce seront donc les riches qui se rendront auprès des pauvres, et les rechercheront pour les aider,

(1) Assemblée générale de l'*Abri*, 15 Mars 1906.

les instruire, apprendre aux femmes à tenir leur ménage, à faire la cuisine économiquement et sainement, qui garderont leurs enfants, les surveilleront dans leurs jeux et dans leur travail, pendant que les mères iront au lavoir ou à l'atelier. C'est ce qu'a réalisé si heureusement l'œuvre de Mme la comtesse de Diesbach, l'*Enseignement ménager* (1). Aller au peuple, c'est ce que fait aussi l'*Abri*. Et telle est la partie la plus délicate de sa mission.

II

Pour assurer l'efficacité des secours distribués, il fallait être renseigné sur la valeur morale des gens appelés à les cueillir. Pour s'en informer, il fallait les connaître, c'est-à-dire parcourir les régions lointaines de leurs habitations, pénétrer dans les maisons et les taudis, entrer en rapports directs avec eux. C'est à ce labeur pénible, long, fatigant et gratuit, que se livrent les 140 visiteurs et visiteuses de l'Œuvre, avec un zèle et un dévoûment que rien ne lasse et ne rebute.

(1) Les Œuvres de l'*Enseignement ménager* ont été souvent décrites, et sont aujourd'hui trop connues pour qu'il soit nécessaire d'y faire retour. Voy. : Max Turmann, *Initiatives féminines*, et les récents articles de M. Paul Acker dans la *Revue des Deux-Mondes* : Œuvres sociales des femmes. — Disons seulement, pour mémoire, que ces écoles sont parvenues au nombre d'une cinquantaine, et notons, comme principaux centres : Plaisance, Charonne, Ménilmontant, Montrouge et Montmartre.

Dans son discours à l'*Assemblée générale* de 1902, M. Georges Picot indiqua à la fois, en quelques lignes, l'esprit et les pratiques de l'*Abri*. « Vous avez eu la sagesse, dit-il, de vous borner aux familles expulsées ou à la veille de l'être. Vous vous êtes interdit de donner directement au locataire un secours de loyer. Vous allez trouver le propriétaire ou son représentant. Vous lui tenez ce langage : Trois termes sont dus. Vous avez annoncé l'expulsion. Consentez-vous à une transaction ? Si vous expulsez, vous allez tout perdre. L'*Abri* est prêt à vous payer un terme ; vous en abandonnerez deux, et vous conserverez un père de famille dont le travail repris et la santé rétablie, permettent d'espérer une meilleure solvabilité.

« Si la transaction est repoussée, le terme offert sert à payer un trimestre d'avance dans une nouvelle maison. Votre garde-meuble, très heureusement constitué, vous permet de rendre quelques-uns des meubles les plus nécessaires. Vous remettez à flot cette famille qui risquait d'être submergée. Vous lui évitez les horreurs d'un garni... »

Mme Boutroux, la secrétaire de l'*Abri*, a fait ressortir, dans l'un de ses comptes rendus, l'application avec laquelle le point de vue *social* est toujours, et avant tout, considéré, dans les diverses manifestations de l'Œuvre. Elle se garde bien de s'adresser à un état de misère permanent. Bien qu'il lui en coûte, elle renonce à secourir « les gens âgés et infirmes, incapables de se livrer à aucun travail » ; car ceux-là ne peuvent plus être sauvés. « L'expérience, dit Mlle Boutroux, nous fait choisir d'abord les *familles nombreuses* sur le point d'être expulsées, et principalement celles qu'une cause exceptionnelle, la maladie, le chômage, a acculées à cette extrémité. *Considérant toujours l'avenir*, nous les encourageons à déménager quand leur loyer est visiblement trop lourd pour elles, et nous les installons dans de nouveaux logements dont le prix est mieux approprié à leurs ressources. *Avant de renouveler ses secours*, l'*Abri* exige qu'un certain temps se soit écoulé, et *que la famille secourue ait fait un effort sérieux pour se suffire.*

« Nous faisons volontiers de gros sacrifices pour conserver à ces malheureux l'intégrité de leur foyer, et les empêcher de tomber dans ce milieu, dégradant entre tous, qu'est l'hôtel garni. Car nous avons trop souvent constaté qu'il est plus facile de prévenir cette chute, que de relever ceux qui sont tombés. Quand une fois une pauvre famille a goûté de l'hôtel garni, on a beau l'en tirer, elle y revient presque fatalement, trouvant tout simple, au premier besoin, de vendre jusqu'à ses derniers meubles. Évitez donc, autant que possible, de nous recommander des pauvres en hôtels, et songez, encore une fois, à nos enquêteuses si dévouées, qui parfois courent de véritables dangers en visitant de pareils bouges. »

Ce n'est pas tout. En visitant les tristes foyers où elles pénétraient, les dames enquêteuses ont été touchées, souvent indignées, de l'état de malpropreté et de délabrement dans lequel les propriétaires qui logent les ouvriers abandonnent leurs maisons. Elles furent amenées, de la sorte, à se préoccuper des questions d'hygiène sociale. Elles écrivent au Préfet de la Seine pour le prier de faire examiner par les services d'assainissement de l'habitation, l'état d'insalubrité de tel ou tel immeuble. Elles font intervenir, au besoin, le service municipal de désinfection de la Ville de Paris.

L'on voit, par ces détails, que l'œuvre de l'*Abri* peut être classée au nombre des meilleures parmi les œuvres de préservation sociale. Elle se fait remarquer non seulement par ses divers modes d'action, par la sagesse et la bonne entente de sa charité faite à propos, mais par l'économie avec laquelle elle dispense ses ressources.

Cette économie dépasse les limites du vraisemblable. Dès la seconde année de son existence (en 1902), Mme la Trésorière pouvait présenter, avec une juste fierté, un bilan que l'on pourrait proposer en modèle à l'administration de l'Assistance publique (1). Avec 38.854 fr. 60 de recettes, l'*Abri* avait secouru 886 familles, et par famille il faut entendre ici une moyenne de cinq personnes, soit plus de quatre mille individus ; et pour la répartition de cette somme de 38.854 francs, il en avait coûté une dépense de 710 fr. 65, soit 1.80 % de frais.

Sur une feuille que distribue l'*Abri* à titre de propagande, il est facile de suivre l'extension rapide prise par l'Œuvre depuis sa fondation. En l'espace de six ans, de 1900 à 1906, ses recettes montent de 19.000 francs, chiffre rond, à 82.000 francs. Dans cet espace de temps, elle a secouru 7.479 familles, soit une population de trente-cinq à quarante mille personnes.

Aussi bien l'*Abri*, comme tous les organismes vigoureux, ne se contente pas de vivre ; chaque année, il manifeste sa vitalité par quelque innovation heureuse, ou par le plan d'une vaste entreprise qu'il saura mener à bien. A peine organisé — son Assemblée constitutive ne date que du 22 Mai 1900 — dès l'année suivante, un Comité adjoint est créé dans le XVIIe arrondissement. En 1902, sept nouveaux Comités sont formés. Les dames composant celui des IXe et XIe arrondissements, organisent un vestiaire

(1) Ne nous lassons pas de dénoncer le *coulage* scandaleux de l'Assistance publique, administration de l'Etat, et de rappeler que, sur un budget de 50 millions, 36 millions sont absorbés par les services et son personnel de fonctionnaires !

en même temps qu'est fondé un garde-meuble dans un local mis à la disposition de l'Œuvre, au numéro 137 du boulevard Voltaire. C'est là que vous devez envoyer les pièces de votre vieux mobilier, de vos ustensiles de ménage caducs, celles que l'on juge au bout de leur carrière, que l'on croit inutilisables, et qui, convenablement réparées, rapiécées, sont reçues avec joie par les familles expulsées, installées par l'*Abri* en de nouveaux logements. Elles rendront encore d'inappréciables services.

En 1903, l'*Abri* reçoit un prix de 2.500 francs de l'Académie des Sciences morales et politiques, et une subvention du Conseil municipal de Paris. C'est cette même année que seront jetées les bases d'un projet suivi presqu'aussitôt d'un commencement d'exécution, sans atermoiement et sans délai. Les dames enquêteuses avaient souvent remarqué les difficultés inouïes qu'éprouvaient à se loger les familles nombreuses. Les enfants sont les ennemis des concierges et des propriétaires, pour toutes sortes de raisons que nous avons déjà dites (Voy. page 59) et que l'on sait. Or si l'on peut, à la rigueur, faire agir le bureau ou la commission d'hygiène, pour engager ou forcer un propriétaire à réparer, assainir son immeuble, il n'est pas possible de le contraindre à prendre dans son immeuble une famille qu'il refuse, à tort ou à raison. Que faire ? Ces nobles femmes, à la tête desquelles il convient de placer Mme Chavannes, résolurent d'agir. Telle fut leur activité, et si grand le zèle de leur âme compatissante et bienfaisante, qu'en quelques mois les sommes nécessaires à la construction d'une très grande maison furent trouvées, et cette maison construite. C'est celle de la rue du Télégraphe, aux 360 enfants (1), habitée dès le mois de Janvier 1905. Ce magnifique élan ne resta pas isolé. Rappelons encore une fois ici, qu'une seconde maison construite rue Belliard (XVIIIe arrondissement), était habitable dès l'été de 1907, alors que s'accomplissaient déjà des démarches pour l'achat d'un terrain, dans le XVe arrondissement, en vue de constructions nouvelles.

Ne quittons pas l'*Abri*, qui répond si bien à tout ce que son titre évoque de soulagement heureux dans la vie des pauvres gens, sans donner la liste complète des divers Comités qu'il a créés dans presque tous les quartiers de Paris où ils fonctionnent régulièrement. Les bonnes volontés, qui ne manquent pas dans notre pays, mais parfois un peu paresseuses, seront de la sorte mieux averties, et s'empresseront davantage vers eux. Elles auront à cœur de favoriser leur action, et de travailler de la

(1) Voy. l'étude spéciale que nous lui avons consacrée dans ce volume, au Chapitre III, des *Habitations à bon marché*.

sorte au rapprochement des classes et à la paix sociale, par la consolidation du foyer.

Comité du IVe arrondissement : *Siège*, 5, quai aux Fleurs.

Comité du Ve arrondissement : *Siège*, 25, quai Conti.

Comités des VIe et VIIe arrondissements : *Siège*, 19, rue Dutot.

Comité du IXe arrondissement : *Siège*, 2, rue de Penthièvre.

Comité du Xe arrondissement : *Siège*, 103, boulevard Malesherbes.

Comité du XIe arrondissement : *Siège*, 137, boulevard Voltaire.

Comité du XIIIe arrondissement : *Siège*, 7, rue Nicole.

Comité du XIVe arrondissement : *Siège*, 76, rue d'Assas.

Comités des XVe et XVIe arrondissements : *Siège*, 96, avenue Henri-Martin.

Comité du XVIIe arrondissement : *Siège*, 7, avenue Niel.

Comité du XVIIIe arrondissement : *Siège*, 22, place Malesherbes.

Comité du XIXe arrondissement : *Siège*, 195, boulevard Saint-Germain.

Comité du XXe arrondissement : *Siège*, 44, rue Pelleport.

Comité de Neuilly-Levallois : *Siège*, 44, avenue de Villiers.

La Société du Logement ouvrier

Fondée le 15 Juillet 1902, la *Société du Logement ouvrier* s'occupe de tout ce qui intéresse le logement de l'ouvrier, de la salubrité de son logement, et du paiement de son terme, comme l'*Abri*, mais elle fait aussi œuvre d'instruction, ce qui lui est spécial. Son service d'hygiène est chargé « de répandre parmi le peuple les notions les plus élémentaires d'assainissement et d'hygiène du logement ». Elle est donc originale en ce sens qu'elle est la seule qui fasse, de la façon la plus large, ce que d'autres Sociétés pratiquent au point de vue particulier de la tuberculose (1). Et, comme nous avons eu déjà occasion de nous en expliquer, rien n'est plus utile que ce genre de propagande, que ces essais de vulgarisation des « principes les plus élémentaires d'assainissement et d'hygiène », car rien n'est plus ignoré de la classe populaire. Parmi les personnes du monde, d'ailleurs intelligentes et instruites, il n'est pas rare de rencontrer des sourires incrédules, lorsqu'on parle devant elles « hygiène » et « microbes », quoiqu'elles aient accoutumé de faire appeler leur médecin au premier sentiment des plus légers malaises. Il n'est donc pas étonnant que cette

(1) Voy. dans notre volume, Le Péril de la Race, la *Tuberculose*, Chap. III.

science, tout à fait nouvelle, il est vrai, soit lettre morte pour la plupart des gens. L'occasion s'est offerte, à chacun de nous, d'entrer dans des maisons de paysans à la campagne. Qui donc a jamais vu la fenêtre ouverte, dans ces habitations, même par les plus resplendissantes journées d'été ? Cependant des femmes cousent, des enfants jouent, dans l'atmosphère nauséabonde de l'air confiné et vicié ; trop heureux si des fruits, des pommes, ou autres denrées éparses dans les coins et sous les lits, ne mêlent pas le relent ou l'aigreur de leur fermentation, à l'odeur forte des bêtes et des gens malpropres et mal tenus. Il en va de même à la ville. L'on sait, d'autre part, que c'est par manque d'hygiène et par ignorance des mères, que sévit, dans le peuple, d'une façon si cruelle, la mortalité infantile. Il faut donc hautement approuver l'initiative de la *Société du Logement ouvrier*, lorsqu'elle fait afficher sur les murs de sages avis adressés aux PÈRES DE FAMILLE. La Société les rappelle à leurs devoirs, et les informe de ce qu'ils doivent faire *avant de louer :* chercher l'orientation vers le soleil, éviter l'humidité, désinfecter le logement s'il en est besoin, préférer les étages élevés aux rez-de-chaussée, se préoccuper d'une bonne aération, etc. Ces conseils, qui se résument en quelques lignes et peuvent être lus rapidement par l'ouvrier qui passe en allant à son travail, se terminent par cet avertissement écrit en grosses, très grosses lettres : *Celui qui reste indifférent à ces questions capitales est* COUPABLE *vis-à-vis de lui-même et vis-à-vis de ses enfants. Si la misère et la maladie sont entrées dans son foyer, c'est parce qu'il a habité un* LOGEMENT INSALUBRE.

La *Société des logements ouvriers*, fondée en 1902 (1), imprime dans son programme qu'elle « poursuit l'amélioration du foyer des familles ouvrières et *s'attache à en assurer la stabilité* ». Par là s'affirme sa haute portée sociale. Elle mérite d'être saluée et encouragée.

ŒUVRES DIVERSES

Les Œuvres qui se préoccupent exclusivement de secourir les travailleurs malheureux au moment du terme, ne sont pas très nombreuses. M. Arthur Delpy (2) cite encore, à Paris, l'*Œuvre Orville-Meylins*, fondée par un Intendant militaire dans les IIe et VIIe arrondissements, ainsi que la *Solidarité*, fondée par

(1) Son Siège social, primitivement fixé rue Bardinet, vient d'être transféré, 88, rue du Moulin-Vert (XIVe arrond.).

(2) M. Arthur DELPY, secrétaire de la *Société internationale pour l'étude des questions d'assistance*, a publié dans la *Revue Philanthropique* du 10 Janvier 1905 (tirage à part, Masson édit., broch. in-8°), un travail très approfondi et très complet sur les *Secours de Loyer*. Il a étudié la question non seulement à Paris et dans toute la France, mais à l'étranger. Il serait à souhaiter que toutes les catégories d'Œuvres fussent décrites dans une aussi bonne monographie.

des ouvriers appartenant à diverses catégories d'industrie, et par des employés. La modeste condition de ces fondateurs prouve mieux que des paroles, combien fortement sont ressenties dans ces milieux, les dures exigences du terme.

L'on ne saurait encore passer sous silence les donations particulières, quand elles sont aussi magnifiques que celle de M. J. de Rothschild, *cent mille francs* tous les ans.

En dehors des secours distribués par l'Assistance publique, et dont on ne peut apprécier le chiffre, puisqu'ils n'ont pas le caractère d'une affectation spéciale, on n'apprendra pas sans intérêt que l'Etat et la Ville de Paris font, en cette circonstance, un large emploi de leur budget. Il serait à souhaiter de voir toujours la dépense des deniers publics aussi bien justifiée. Ce n'est pas moins de 300.000 francs par an, que le Conseil municipal de Paris consacre, depuis 1884, aux *Secours de loyer*. Avant cette date, ce chapitre ne s'élevait qu'à 50.000 francs. Il faut compter, en outre, un crédit de 25.000 francs pour distribution de bons de logements, répartis dans les vingt arrondissements de Paris. Mais comme il s'agit ici de « donner un logement *provisoire* aux malheureux momentanément sans asile », et comme ces bons sont remboursés aux logeurs à raison de 0 fr. 60 par personne et par nuit, il ne peut plus être question d'œuvre sociale, et nous craignons bien de nous trouver en face de vagabonds ou de mendiants quasi professionnels, de déchéances définitives, et que plus rien ne saurait relever.

Beaucoup plus utile, à notre point de vue, est le crédit de 20.000 francs mis par le ministère de l'Intérieur à la disposition du Préfet de Police « pour secours de quinze à trente francs à donner à des familles *de préférence chargées d'enfants* ».

Caisses de Loyers

D'une manière générale, on appelle *Caisses de loyers* le produit de petites sommes mises de côté, et déposées par les indigents, pour assurer le paiement de leur loyer. Ces sommes sont confiées à certaines Sociétés qui les restituent en fin de trimestre, augmentées d'une légère bonification. Cette prime offerte, et présentée en appât aux déposants, constitue donc un élément précieux d'encouragement à l'économie et à la prévoyance, ces vertus si difficiles à pratiquer dans les milieux populaires. L'on croirait à tort que l'épargne se rencontre le plus fréquemment dans les classes sociales où l'argent est rare et se gagne avec le plus de peine. Au contraire. Paradoxe étonnant et qui choque au premier abord, mais bien facile à comprendre, si l'on s'y arrête, et si on lui accorde quelque réflexion. Et ici se retrouve la moralité de la fable *Le Savetier et le Financier*. Ainsi qu'il arrive souvent, le fait réel observé, vérifié, confirme la vision du poète.

Si ceux qui n'ont rien pour vivre, que le travail de leur main, prenaient autant souci de l'avenir, que les gens bien rentés, ils ne pourraient résister à l'accablement de leur sort. Quels sont ceux qui ne s'estiment pas assez riches pour fonder et élever de nombreuses familles ? — Les riches. Quels sont ceux qui mettent en pratique la parole de l'Evangile : « croissez et multipliez » ? — Les pauvres. L'habitude qu'ils ont de vivre au jour le jour, à laquelle les plie la force des choses, leur donne une sorte de fatalisme oriental. A chaque jour suffit sa peine ! Ils pensent qu'ils vivront bien demain comme ils ont vécu aujourd'hui. Ils savent que les longs espoirs et les avenirs dorés ne sont point de leur domaine. De bonne heure ils y ont renoncé. Pour eux la vie n'est faite que d'une succession de moments présents en dehors desquels ils ne portent pas la vue ; trop d'obstacles matériels l'arrêtent autour d'eux. Et dans cette insouciance d'abord acquise, et devenue naturelle, ils trouvent le soulagement de préoccupations trop obsédantes et trop aiguës. Mais là aussi est le danger. De cette heureuse insouciance célébrée par le fabuliste, naît le désordre et la plus détestable imprévoyance. Encore celle-ci est elle plus grande, paraît-il, en Angleterre qu'en France, à Londres qu'à Paris. Dans une allocution prononcée à l'*Abri*, M. Georges Picot énumérait toutes les difficultés éprouvées par une famille ouvrière à « prélever sur un maigre salaire une petite somme quotidienne, l'amasser jour par jour, semaine par semaine, résister aux tentations d'y toucher... conserver la somme intacte et se trouver prête pour le terme... Ce qui allégerait la charge, disait-il... ce serait le paiement par semaine. A Londres où il est en usage, on ne comprend pas comment l'ouvrier parisien peut conserver, sans y toucher, le montant accumulé du loyer ».

Les *Caisses de loyers* viennent donc fort à propos pour faciliter cette tâche ardue, à ceux qui la trouvent au-dessus de leur force. La *Société de Saint-Vincent-de-Paul* en a constitué un assez grand nombre.

« Elles ont été fondées en 1846 par la conférence de Saint-Sulpice qui, la première, eut une caisse de cette nature. Vingt-cinq des conférences de Paris, et cinq des conférences de banlieue, en ont aujourd'hui. Ces caisses reçoivent les petites sommes mises de côté pour le payement de leur loyer, par les indigents que visitent les membres des conférences, ou qui sont recommandés par d'autres Œuvres, et les leur restitue, à la fin du trimestre, avec une bonification. Le taux de cette prime (qui est de 15 % en moyenne) est laissé à l'appréciation des conférences. La somme annuellement versée par les déposants, est d'environ 60.000 francs (1). »

M. A. Delpy signale encore, avec l'*Aiguille*, cité du Retiro, et l'*Œuvre des loyers du quartier des Ternes*, dirigée par sa fondatrice M.me Lalot, femme d'un pasteur protestant, quelques caisses de loyers paroissiales, établies ou administrées par les curés de paroisse, comme Notre-Dame, Saint-Étienne-du-Mont, Saint-Louis-d'Antin, etc. Il exprime seulement le regret qu'elles ne soient pas plus nombreuses.

Répétons enfin ce que nous avons eu déjà l'occasion de dire, à propos des logements ouvriers, et à l'honneur de leurs habitants. Non seulement il est prouvé par les résultats financiers, que leur solvabilité est excellente, mais leur délicatesse dans les dettes d'honneur n'est pas moindre. L'existence même de plusieurs *Sociétés de prêts gratuits* l'atteste. Ces Sociétés ont pour objet d'éviter aux gens tombés dans un état d'infortune passager, la cruelle nécessité de donner en gage leurs objets mobiliers les plus utiles, et souvent les plus indispen-

(1) *Paris charitable.*

sables, pour trouver un peu d'argent. Or, ces Sociétés rentrent dans leurs déboursés plus fréquemment qu'on ne serait tenté de le croire.

Cette double constatation qui appert de faits précis et certains, et tout d'abord surprenante, est pleine d'encouragement vers un avenir meilleur où la plus grande part, peut-être, des infortunes imméritées, trouveront dans l'aide bien comprise des institutions privées, le soulagement dont elles sont dignes.

CHAPITRE II

SOCIÉTÉ D'ART POPULAIRE ET D'HYGIÈNE

SOMMAIRE : I. — La beauté dans la vie. — L'art manifestation de la vie et de l'ordre social : opinions de Ruskin, de Wagner et de Guyau. — La formule de Jean Lahor : l'art pour le peuple et par le peuple. — Le retour à la nature.

II. — Programme de la *Société d'Art populaire et d'Hygiène*. — Régionalisme et apprentissage. — Vers la décentralisation artistique et industrielle. — La décoration de la maison ouvrière de l'avenir.

III. — L'hygiène. — L'hygiène des particuliers et la salubrité des villes. — Le Congrès de 1900. — Les espaces libres. — L'alimentation : l'alimentation est une science. — Les *Restaurants économiques*. — La table des riches et la table des pauvres.

I

Édouard Schuré, le puissant et magnifique évocateur des temples de l'Orient, a laissé tomber de sa plume cette parole mélancolique : « Notre temps ne croit plus à la beauté dans la vie. »

Les faits paraissent lui donner raison. Notre temps est enlaidi par ce que l'on a longtemps appelé « les progrès de l'industrie ». L'industrie, c'est-à-dire les plus frais et les plus lumineux paysages desséchés par les poussières, et tout salis par les fumées; l'industrie, c'est-à-dire l'œil à chaque instant choqué par ces forêts de briques noircies, d'un genre nouveau, que l'on appelle les cheminées d'usines, le regard heurté par ces grands coups de poings en pleine figure, que vous assènent au passage tous les marchands, au moyen d'affiches brutales qui vantent leurs produits; l'industrie, c'est-à-dire l'éclosion de ces monstruosités, de ces modernes enfers, beaucoup plus réels et beaucoup plus tragiques que l'ancien royaume du Styx, et que l'on appelle des villes, des cités ouvrières, avec leur cortège infiniment lamentable de maladies honteuses et douloureuses du corps et de l'âme : alcoolisme, prostitution, tuberculose, et à leur suite toutes les tares nécessaires qu'elles entraînent : dégénérescence de la race, diminution des énergies et des réactions, affaiblissement des caractères, haines et guerres de classes, et finalement l'anarchie triomphante dans des cœurs ulcérés, en des organismes usés, affolés par le détraquement nerveux, le surmenage physique et les défaillances morales.

Pourtant les peuples ne prennent pas si facilement leur parti de vivre sans beauté, et la voix de leurs grands hommes sait traduire en clair langage leur sentiment obscur de souffrance et d'inquiétude. Dans notre siècle, à peu près à la même époque, nous rencontrons un

Anglais, un Allemand, un Français, et des plus illustres, que préoccupent le même problème. L'Anglais, c'est l'esthéticien Ruskin ; l'Allemand, Wagner ; le Français, Guyau. Or, tous trois, coïncidence curieuse et bien digne de remarque, attribuent ce manque d'esthétisme de notre époque à une même cause, cause d'ordre moral et social.

Les tendances naturelles de Ruskin le font pencher davantage du côté moral, ainsi que le remarque M. de la Sizeranne, dans son livre bien connu (1). « Si l'habileté suffisait, comment donc se ferait-il que notre temps, si fécond en habiles gens, ne puisse produire un seul monument comparable aux temples grecs ou aux gothiques cathédrales ? Si le talent était la seule chose requise de l'artiste, comment avec tant de talent et l'expérience accumulée de tant d'écoles, ne pouvons-nous ni créer, ni perpétuer un style, ni établir un ensemble de décoration harmonieuse, ni rivaliser avec des époques moins instruites et moins habiles, pour le goût et la délicatesse des outils, des meubles, des objets qui nous entourent ? N'y a-t-il donc pas quelque chose qui manque ? Ce quelque chose, ne serait-ce pas des qualités morales et, avant toutes, celle que donne l'adoration : l'humilité ? L'humilité qui ne cherche

(1) *Ruskin et la Religion de la Beauté.*

pas les succès mondains et bruyants, mais qui consent aux recherches lentes et silencieuses ; l'humilité qui ne s'attache pas exclusivement aux arts intellectuels et aristocratiques, mais qui ne recule devant aucune besogne nécessaire ; l'humilité qui permet l'union de tous les artistes fondée sur la mutuelle estime de la part que chacun prend au travail de tous ? »

N'est-ce donc pas là ce que veut dire aussi Wagner lorsqu'il pense que notre impuissance vient de ce que l'art moderne est un luxe, un « art artificiel », faute de pouvoir s'appuyer sur la vie (1). « C'est de la vie seule que peut naître un besoin réel d'art, et c'est elle seule qui peut fournir à l'art sa matière et sa forme. Pour qu'une œuvre d'art soit vivante, il faut qu'elle jaillisse directement de la vie. » Et encore : « L'art doit être le véritable éducateur de la vie humaine... l'art a pour mission d'instruire le peuple, de former son âme... Pour que l'artiste crée une œuvre grande et vraiment artistique, il faut que nous tous nous y collaborions avec lui. »

Guyau n'a pas cherché à démontrer autre chose dans son beau traité sur l'*Art au point de vue sociologique*. Pour les arts vraiment dignes de ce nom, la sensation pure et simple n'est pas le but, elle est « un moyen de mettre l'être

(1) H. S. Chamberlain.— *Richard Wagner, sa Vie et ses Œuvres.* Paris, Perrin, 1900. (Deuxième partie : *Les Écrits et la Doctrine.*)

surtout en communication et en société avec une vie plus ou moins semblable à la sienne ; elle est donc essentiellement représentative de la vie et de la vie collective ».

L'art est essentiellement social parce qu'il est un effet de la vie sociale. Il enlève l'individu à sa vie propre pour le faire vivre de la vie universelle par la communion même des sensations et sentiments. « La conception de l'art, comme toutes les autres, doit faire une part de plus en plus importante à la solidarité humaine, à la communication mutuelle des consciences, à la grande sympathie tout ensemble physique et mentale qui fait que la vie individuelle et la vie collective tendent à se fondre comme la morale. »

« L'art est essentiellement sociologique, dit encore Guyau, parce que la condition nécessaire qui s'impose à toutes ses œuvres, la loi même selon laquelle il les crée, c'est la sympathie et la sociabilité : toute œuvre d'art nous met en société avec des êtres vivants, elle nous fait vivre en quelque sorte de leur vie, et sa beauté se mesure à la profondeur et à l'étendue de la sympathie qu'elle excite dans notre âme. »

Nous arrivons donc à cette conclusion, c'est que toute beauté est une manifestation intense de la vie, et non pas seulement de la vie individuelle, mais de la vie sociale, que l'œuvre de beauté émane d'une participation collective de tous les citoyens vivant d'une vie harmonieuse et sympathique, dans une étroite intimité de sentiments, d'intérêts et d'amour. C'est cette harmonie qui donne à toutes les œuvres d'art d'une époque cet ensemble d'affinités reconnaissables, qui s'appelle le style, et qui est comme la représentation vivante et parlante, pour la postérité, des prières, des pleurs ou des sourires de nos ancêtres, au cours de leur vie publique et sociale : austérité des amples et lourdes draperies de l'art gothique, sur le parvis des cathédrales, ou bien, sous Louis XV, envolées d'amours à fossettes se jouant parmi les guirlandes de roses à la porte des boudoirs.

Cette harmonie n'existe plus, voilà le mal. Il appartenait à un poète de s'efforcer à y remédier. Et voilà comment fut fondée la *Société d'Art populaire et d'Hygiène* par Jean Lahor. Jean Lahor se chagrine de voir le peuple perdre ses facultés de création artistique. « Avant la Révolution, écrivait-il dans la brochure (1) qui a servi de base à son manifeste de la *Société*, avant la Révolution, l'on trouvait dans nos provinces, comme partout en Europe, avec des poésies, des musiques, des danses, des costumes populaires, un art décoratif populaire, qui quelquefois fut charmant, et quelquefois délicieux : presque tout cela est mort

(1) *L'Art pour le Peuple, à défaut de l'Art par le Peuple.*— Paris, librairie Larousse.

à la Révolution. Depuis l'avènement de la démocratie, depuis l'affranchissement du peuple, il n'est donc plus d'art par le peuple, ni pour lui. » Et il rappelle, avec beaucoup de justesse, le rôle éminemment esthétique que jouait, à la même époque, et pour ce même peuple, l'Église. « Dans ses cathédrales, dans ses chapelles d'autrefois, il y avait pour lui, du moins, une perpétuelle initiation à la beauté, à l'art, à l'idéal artistique, par toutes les merveilles qu'il y pouvait contempler : merveilles d'architecture, de sculpture, de peinture, merveilles des verrières, des orfèvreries, des costumes. » Aujourd'hui, « nous avons changé tout cela », comme on dit dans la comédie, et c'est le *music-hall* qui a recueilli la clientèle des cérémonies magnifiques et pieuses de jadis. Seule une certaine catégorie de gens, affligée d'une mentalité spéciale, peut vanter un tel bouleversement comme un progrès et un bienfait de nos modernes institutions.

Quoi qu'il en soit, un fait ne saurait être mis en doute : l'extrême laideur de tous les objets avec lesquels le peuple se trouve en contact journalier. — Hé quoi ! souriront quelques esthètes et quelques théoriciens de « l'art pour l'art », est-ce donc à des fins si basses, si utilitaires, que nous ferons servir une beauté démocratisée, vulgarisée, et pour tout dire, souillée, et qui s'évanouirait, en conséquence, par son seul usage ? Mais Guyau oppose à ces sophismes ingénieux les vues si saines par lesquelles il a renouvelé toutes ces questions d'art, en les éclairant de son génie si pénétrant et si humain. « Dans les objets extérieurs, dit-il (1), l'utilité semble être un premier degré de beauté, car toute organisation de parties, par rapport à une fin, constitue un ordre, une harmonie, et depuis longtemps on a uni la beauté et l'ordre. »

Donc rien n'empêche que l'on n'arrive à l'idéal rêvé par Jean Lahor. Par sa formule « l'art pour le peuple et par le peuple », non seulement il ne pénètre pas dans le domaine vague des utopies, mais il retrempe la beauté à sa source primitive et pure, depuis trop longtemps ignorée et détournée : l'âme et le geste populaires. « Il est temps et nous voulons que l'art soit distribué à tous, comme la lumière et l'air, qu'il pénètre tout, soit en tout et partout, qu'il entre dans la maison de l'ouvrier, comme il est dans la nôtre, et aussi dans l'école, dans l'hôpital et la caserne mêmes, et aussi dans les gares, partout enfin où le peuple vient et s'assemble. L'art partout, en tout et pour tous, voilà l'une des ambitions de l'art nouveau, qui se révèle très démocratique en ce sens.

« Et la nécessité de ce nouvel art décoratif se fait pour nous d'autant plus impérieuse et

(1) *Problèmes de l'Esthétique contemporaine*, Chap. II.

pressante, qu'au sortir de temps aristocratiques, glorieux de faste et de richesse, nous sommes entrés dans la démocratie, c'est-à-dire dans le règne non plus d'une élite, mais de la foule... »

Mais cette âme populaire, dont nous avons avec tristesse constaté l'évanouissement, dissoute par l'action corrosive de toutes nos révolutions, émiettée, broyée dans les durs combats de la vie moderne, obscurcie par les vapeurs de l'alcool, subjuguée par les étreintes de la misère laide et brutale, cette âme populaire et nationale, comment l'arracherons-nous à sa solitude ombrageuse et farouche ? Comment parvenir à la reconstituer dans une atmosphère pacifiée et joyeuse, à l'accorder encore une fois pour des harmonies nouvelles et supérieures ? Nous l'avons vu déjà, au cours de ces études, c'est toujours du côté de la nature qu'il nous faut nous tourner, de même que, de son minaret d'ivoire, le muezzin lance toujours vers l'Orient son appel au dieu des oasis et des déserts ; c'est la nature qui nous donne le secret de toutes les guérisons du corps et de l'âme. Et nous retrouvons ici, dans le fondateur de la *Société d'Art populaire*, le poète lumineux et vibrant des *Chants panthéistes* et de l'*Hymne au Soleil*. « Je crois aussi, écrit-il, qu'une religion ou une philosophie à venir contribuera à faire plus attachante et vivante la vie, pour beaucoup d'esprits, trop morne, trop silencieuse des campagnes, en révélant et montrant tout ce qu'il y a de mystère, tout ce qu'il y a de prodige, tout ce qu'il y a d'humain, de divin, chez le moindre animal, et chez la moindre plante, en reconnaissant, affirmant selon le dogme aryen, la parenté qui unit tous les êtres, en donnant ou rendant un intérêt intense et passionnant, tel qu'aux temps védiques, à tout ce qui se meut, s'agite, souffre et jouit à l'entour de nous et comme nous. Nous verrons, nous regarderons d'un autre regard la nature, quand nous en connaîtrons ou sentirons mieux l'existence obscure et profonde, quand nous percevrons la vibration intime, je dirais musicale, du moindre atome, de la moindre cellule ; et ces notions qui sont aujourd'hui la force, la joie de quelques-uns seulement, ces notions, bientôt, ne seront-elles pas générales, comme devinrent, après plusieurs siècles, communes à des millions d'âmes, les hautes paroles, les consolations de la foi chrétienne ?

« Enfin le travail des champs ne semblera-t-il pas magnifique, quand seront appliquées les sciences, les méthodes nouvelles, destinées à y faire toute culture intensive, toute culture plus riche et plus belle ? »

Il est intéressant d'observer une fois de plus la rencontre de l'imagination poétique avec les conceptions de l'analyse scientifique. M. Méline, bien des années après l'apparition de la brochure de Jean Lahor, exprime les mêmes idées dans son livre *Le Retour à la Terre*. Il a, lui aussi, des mots émus à l'adresse de la « terre nourricière de l'humanité, féconde et éternelle... la terre qui a des consolations pour toutes les misères, et qui ne laisse jamais mourir de faim ceux qui l'aiment et qui se confient à elle ». Et ce qui n'était que le vœu d'un poète, cette compréhension du « travail magnifique des champs », il en constate avec joie la réalité d'aujourd'hui, grâce, précisément, à l'intervention de la science. « La terre a commencé de se relever dans l'opinion le jour où la science elle-même, laissant enfin tomber les yeux sur elle, a découvert que l'agriculture était... la première de toutes les industries. » Et l'économiste, à son tour, voit dans les beautés indestructibles de la nature éternelle, le moyen de ramener les hommes à son amour, à la vie normale et saine, ordonnée et apaisée. Il pense que l'enseignement agricole devrait chercher non seulement à instruire l'agriculteur, mais à le retenir à la terre. « Pour y parvenir, il faudrait un autre genre d'enseignement que nous appellerons esthétique, et dont l'objet principal devrait être de célébrer et de faire ressortir les beautés de la nature et les avantages de la vie champêtre. »

Nous recueillons encore, à ce sujet, un avis

précieux parce qu'il est basé sur l'expérience, et résulte de l'observation des faits. M. Beaufreton (1), après avoir convenu que le sens du beau a été le plus difficile à développer chez les enfants du peuple, ajoute : « Ce n'est qu'au moyen de longues excursions à la campagne, cette éternelle inspiratrice de l'art, qu'il a été possible de faire comprendre à la presque unanimité des écoliers de l'*Union familiale*, le rôle de la beauté dans la vie humaine. »

II

Notre temps croit donc à la beauté dans la vie, et c'est pour y avoir cru avec une ferveur d'apôtre, que le nom de Ruskin et de ses amis ne passera pas. Nous ne savons si la *Société d'Art populaire* aura la même fortune que les ruskiniens en Angleterre, mais l'on sait combien a été profonde et sincère l'influence de cette école chez nos voisins. Nous en avons retrouvé la trace dans les Cités-Jardins anglaises. C'est d'elles que s'est inspiré le fondateur de la nouvelle *Société*, et le nom du grand poète et artiste W. Morris, revient souvent sous sa plume.

La *Société d'Art populaire* rayonnera, cela va de soi, sur la France entière, par le moyen

(1) *Union Familiale*, n° 2, 1904. Rapport de M. BEAUFRETON.

d'*Expositions d'Art rustique*, de *Musées d'Art populaire* ou de *Musées provinciaux*, comme celui d'Arles fondé par Mistral. « Ces Musées et ces Expositions pourraient, nous l'espérons, dit Jean Lahor, réveiller d'abord la vie artistique en bien des provinces, et la vie plus ou moins mourante des industries d'art qu'elles gardent encore. » Par ce côté, la *Société* touche encore à deux questions d'un intérêt essentiel pour notre vie industrielle et notre organisation sociale : le régionalisme et l'apprentissage. « Il faudra bien pourtant finir par changer quelque chose, dit M. Rostand, à ce mode de vie d'une nation de 38 millions d'âmes, suivant lequel il n'est de penseurs, de lettrés, d'artistes, de ressources, de moyen d'agir, que sur un point unique, pléthorique, congestionné jusqu'à l'apoplexie, pendant que les membres languissent et s'atrophient.

« On a le droit d'être un philosophe à Leipzig ou à Halle ; Röntgen a découvert ses rayons à Wurtzbourg, en Basse-Franconie, et ne se croit pas tenu d'aller vivre à Berlin ; les plus brillants romanciers de l'Italie ne résident pas à Rome ; Fogazzaro est à Vicence, d'Annunzio dans les Abruzzes. Mais où sont nos grands Français dans nos provinces (1) ? »

Il est de fait que, sans nous en douter, nous

(1) E. Rostand. — *L'Action sociale par l'Initiative privée.* T. IV, 1907. Préface.

donnons au monde, avec Paris, le spectacle d'une colossale monstruosité. L'extension prise en tous sens par notre capitale, et dont nous nous montrons si fiers, n'est pas autre chose qu'une hideuse difformité. Par une singulière aberration, nous finissons par confondre l'étendue, l'énormité, avec la beauté, la bousculade avec l'animation, et la frénésie avec l'activité. Soyons fiers et jaloux du Paris artistique, universellement admiré, j'y consens, mais ne le soyons pas de ses tares et de ses défauts, du nombre de ses rues et de ses habitants, et de l'encombrement de ses voies. Si cette fièvre et ce tapage étaient l'annonce et l'effet d'une vitalité nationale débordante, d'un excédent de population incoercible, étaient le signe d'une prospérité générale démesurée, le mal serait moindre ; mais point. Paris est une pompe aspirante qui fait le vide partout ailleurs. Si l'on se coudoie si fort sur ses boulevards, c'est qu'en France l'herbe pousse entre les pavés des petites villes ; si les maisons de ses faubourgs sont si fort surpeuplées, c'est que l'on ne trouve plus dans les campagnes de villageois pour cultiver la terre. Et ce colossal entassement de notre ville si fameuse par son luxe et sa beauté, cache mal des misères et des laideurs sans nombre, et, en fin de compte, une dépopulation croissante. Le cri d'alarme est jeté depuis longtemps. On commence, semble-t-il, à l'entendre. Méritent donc bien de la patrie tous ceux qui travaillent pour l'idée « régionaliste », c'est-à-dire ceux qui cherchent à ramener la vie aux extrémités engourdies de notre corps social, vie agricole et industrielle, vie commerciale, vie intellectuelle et artistique. Cette décentralisation qui s'impose, est la première des conditions du retour à l'harmonie dans notre existence nationale si déséquilibrée, si heurtée, si anarchique.

L'apaisement physique et moral qui serait la conséquence d'une circulation normale des sources et des principes de la vie dans toutes les cellules de notre organisme, déterminerait encore, par une sorte de choc en retour, plus d'un résultat heureux, dont la renaissance de l'apprentissage ne serait pas le moindre.

Nous avons eu la bonne fortune d'entendre, il n'y a pas longtemps, une discussion très intéressante sur ce sujet. C'était aux réunions mensuelles de la *Société d'Economie sociale*. Après une conférence *ex professo*, les auditeurs furent invités, selon l'usage, à donner leur opinion, à présenter leurs objections. Des patrons et des ouvriers se trouvaient en présence. Il ne s'agissait donc plus de science livresque et de considérations savantes d'hommes qui jonglent avec les idées, sans avoir jamais pénétré dans un atelier, sans connaître un patron ni un ouvrier déterminés. Ces hommes mêmes que leurs intérêts particuliers les plus prochains mettaient en contact journalier, parlaient donc de leur expérience personnelle, faite d'une vie passée tout entière dans les usines et les fabriques. Il va sans dire que des ouvriers qui se rendent le soir aux séances de la *Société d'Economie sociale*, sont des ouvriers d'élite, et qui tiennent le degré le plus haut dans la hiérarchie de leur métier, mais leurs avis n'en prennent que plus de poids et n'en revêtent que plus d'autorité. Et pourquoi ne pas le dire, le verbe de l'un d'entre eux fut, à coup sûr, celui qui dénotait le plus de facilité d'élocution et accusait les idées les plus nettes, les mieux ordonnées, de toutes les personnes présentes. La discussion fut longue, passionnée, comme il arrive lorsque des intérêts majeurs se débattent, mais elle fut lumineuse, assez pour que nous, simple auditeur, ignorant tout de la question à notre arrivée, nous eussions pu nous en faire une idée très juste à la fin de notre soirée.

De cette conférence entre gens compétents, et dont l'avis différait sur certains points de détail, il ressortait donc que l'apprentissage, au vrai sens du mot, n'existe plus. Les forgerons n'apprennent plus à forger en forgeant, et le dicton populaire si connu, et fait de l'observation constante des générations passées, se trouve donc controuvé — pour le plus grand malheur de notre industrie. Qu'il n'y ait plus d'apprentissage à l'atelier, ce fait n'est plus contesté par personne, pas plus du côté des patrons que du côté des ouvriers. Mais, chose plus grave encore, ouvriers et patrons s'accordaient à dire que le mal est sans remède, car *il résulte de la force des choses*, contre laquelle sont impuissants tous les efforts et toutes les bonnes volontés combinées. Et cette *force des choses*, nous la connaissons tous, c'est la force de la vapeur, la force de la machine, la division du travail, tout cet ensemble de circonstances qui ont diminué la valeur intelligente et personnelle de l'homme, pour le réduire à la condition d'outil, de machine elle-même, supérieur à peine à celle dont il n'est plus qu'une partie intégrante, et que le premier venu remplace. Sous le régime industriel moderne, l'apprenti n'est plus qu'une sorte de petit domestique de l'atelier, employé aux plus infimes besognes, souvent dehors, faisant les courses, les commissions, pour tout le monde. Autrefois, dans la plupart des industries, « pour produire un objet intégral, matière première, outils et modèles n'étaient pas suffisants, il fallait aussi la démonstration, ensuite une longue pratique, un total fait d'expériences personnelles, ajoutées aux expériences acquises dans le passé, toutes choses qu'aucun décret ne pouvait forcer le patron à aliéner, grâce auxquelles il restait jalousement maître de son industrie, et qu'il ne consentait à enseigner à son apprenti, que si ce dernier acceptait de pesants sacrifices de temps et même d'argent (1) ».

Ces sacrifices de temps et d'argent, personne ne veut plus, ne peut plus les faire, et par la force des choses encore. Le patron, le contremaître, surmenés par le travail intensif de l'usine qui marche à la vapeur, à l'électricité, talonnés par la concurrence non seulement avoisinante, mais mondiale, donnent toutes leurs forces à l'exploitation, ils n'ont pas le temps de former des apprentis, d'instruire des ignorants, d'initier des néophytes. Cet apprenti lui-même, ou sa famille, si l'on aime mieux, ne peut pas faire les sacrifices d'argent nécessaires à son apprentissage. La nécessité la presse. Elle attend avec impatience le moment où l'enfant ne pèsera plus d'une charge aussi lourde sur son budget, et gagnera quelques centimes par jour dans les menues besognes d'un atelier — ce que l'on appelle les « petites mains ». Cependant il est indispensable de former ces contremaîtres appelés à seconder, et même à remplacer le patron dans la fabrication proprement dite. « Les Chambres syndicales patronales s'aperçurent du danger les premières, et cherchèrent aussitôt à y remédier en ouvrant des

(1) P. LAFARGUE. — *Grande Encyclopédie* (Apprentissage).

cours du soir ; comme ce palliatif était insuffisant, plusieurs communes, et ensuite l'État, durent à leur tour entrer dans cette voie pour sauvegarder l'industrie nationale. On remplace l'apprentissage sorti de l'atelier, par l'éducation ouvrière faite dans des *écoles professionnelles*... Ainsi l'apprentissage qui fut fait d'abord sous la surveillance des corporations, puis laissé un moment à l'initiative individuelle, perd son caractère privé, et tend maintenant à devenir une œuvre sociale, accomplie sous la direction de maîtres et de professeurs relevant directement des Pouvoirs publics (1). »

Sans doute, ces *écoles professionnelles*, ces *cours du soir*, sont un palliatif, mais tout le monde admettra, avec les ouvriers et les patrons dont nous écoutions la discussion ardente, que rien ne remplace, pour un ouvrier, l'apprentissage à l'atelier (2). Quelle attention peut apporter au cours du soir un enfant de douze à quinze ans, éreinté par ses courses et son travail de la journée, sur pied depuis cinq ou six heures du matin ? D'autre part, les cours des écoles professionnelles sont faits par des messieurs, des professeurs, des savants qui n'ont jamais tenu autre chose qu'une plume entre leurs doigts. Dans leur auditoire ils pour-

(1) P. LAFARGUE, *id.*

(2) A toutes ces raisons, ajoutez les entraves apportées par la loi de 1900, reconnue pour détestable par tous les intéressés.

ront bien rencontrer, par fortune, une nature exceptionnelle dont ils feront un artiste, par exemple un peintre décorateur de talent, mais ils ne feront pas des ouvriers sachant bien un métier, habiles à conduire de leurs mains une machine, à se servir d'un outil. Pour cela, il ne faut pas un professeur à lunettes, mais un « compagnon » au tablier de cuir, au bras rude, mais exercé, qui *fait* le travail devant l'élève, devant l'apprenti, et lui enseigne non seulement la technique du métier, mais ce que l'on appelle si justement le « tour de main ».

La main! On ne se pénètre pas assez de cette puissance et de sa force significative. La main, c'est l'instrument le plus précieux et le plus parfait qui existe pour créer de la beauté, le seul capable de donner une expression et une forme matérielle à ce qui semble le plus opposé à la matière, apparaît comme son contraire et son ennemi : la pensée. La main, c'est le pont léger aux cinq arches mobiles, qui franchit les abîmes mystérieux et profonds où s'élabore tout ce monde agité, vivant, et pourtant inconnu de nous-mêmes, que nous appelons nos idées, nos amours, nos penchants, notre foi, nos organes et nos passions ; c'est la main qui plonge le plus loin dans cette obscurité de notre nature intime, car elle y sonde jusqu'à l'inconscient, elle en garde malgré nous l'empreinte ineffaçable et révélatrice, et ce que le tréfond de nous-mêmes a pour nous de plus impénétrable et de plus secret, elle le laisse filtrer entre nos doigts par la plume qui court sur le papier, par le pinceau qui répand la lumière sur la toile, par l'archet qui vibre, l'ébauchoir qui creuse et caresse le marbre, par l'outil, quel qu'il soit, où le pouce de l'homme a marqué son empreinte personnelle et humaine.

Certes, la main de l'homme ne se remplace pas, parce que sa main c'est lui-même, parce que sa main c'est un reflet de sa vie et de sa pensée, et que son ouvrage, comme son écriture, parle de lui, existe en dehors de lui comme un acte de foi et la beauté d'une harmonie. Mais pourtant faut-il encore que les duretés, les nécessités de la vie ouvrière, ne ravalent pas cette vie humaine aux mêmes besognes que la marche d'une machine. Il faut que cet homme reste un homme, c'est-à-dire un être qui possède le temps et les moyens de sentir et de penser. En ramenant la vie dans nos provinces abandonnées, la *Société d'Art populaire* réalisera ces deux bienfaits. Bienfaits non seulement pour l'ouvrier qui verra sa condition se relever par le retour du véritable patronage rendu possible comme autrefois, mais pour le patron lui-même et notre pays tout entier. Plus près de l'ouvrier, le patron le connaîtra mieux ; ses rapports avec lui, plus fréquents et plus intimes, s'adouciront. Bien des heurts, de part et d'autre, bien des malentendus et de grands maux pourront ainsi être évités dans le monde du travail. L'étude que nous avons faite des Cités-Jardins en Angleterre, est une démonstration suffisante de ce que nous avançons. Ces bonnes relations sociales, bien qu'elles paraissent plus difficiles à établir en France où toutes les institutions sont ébranlées et paraissent compromises, ne sont pourtant pas impossibles à réaliser. Les rapports que nous ont faits, sur ce point, certains chefs de maisons, certains industriels qui, de leur côté, font leur devoir, tout leur devoir, en habitant la ville où s'exerce leur industrie, en se montrant paternels et affectueux avec leurs ouvriers, et en n'affichant en face de leur vie modeste aucun luxe provoquant, nous confirme dans l'opinion que tout se pourrait encore réparer.

La France économique elle-même et tout entière, croyons-nous, bénéficierait de cette décentralisation artistique, industrielle et commerciale, que Jean Lahor, et bien d'autres avec lui, depuis Le Play, rêvent de provoquer en France. Tout le monde s'accorde à dire que, dans la fabrication de la « camelote », la France ne peut pas soutenir la concurrence avec ses voisins les Anglais et les Allemands. La raison en est simple. La « camelote », cet article à très bon marché, sans grâce, sans solidité, sans beauté, ne peut être rémunérateur pour le fabricant, qu'à certaines conditions, parmi lesquelles nous notons : le fonctionnement de machines perfectionnées et à rendement intensif (1), à grande marche, l'écoulement facile et rapide de l'objet fabriqué, par un commerce très actif et des moyens de transports peu coûteux et très bien organisés, et encore des salaires réduits, et de la houille à bon marché en abondance. Il est reconnu que la France remplit mal ces conditions. Pour nous en tenir aux salaires, les exigences croissantes des ouvriers font notre pays de plus en plus désarmé dans la grande lutte industrielle mondiale. Mais il reste à la France une supériorité incontestable et incontestée, même par ses rivaux étrangers. Malgré la crise du patronage qu'elle n'est pas seule, d'ailleurs, à subir — les mêmes causes entraînant partout les mêmes effets — cette supériorité qu'elle conserve, c'est celle de la solidité, du goût, du « fini », du « soigné », dans toutes les branches de l'industrie et de la fabrication. L'ouvrier français est capable d'un sentiment inconnu à l'ouvrier anglais, allemand ou américain ; indépendamment du prix de son salaire, du bénéfice en argent que lui rapporte son travail, il éprouve

(1) Voyez ce que dit HURET dans son livre sur l'*Amérique*, où il rapporte son étonnement d'avoir vu mettre au rebut et jeter aux vieilles ferrailles, de splendides, coûteuses et excellentes machines, parce qu'une autre plus nouvelle et plus perfectionnée encore, permettait de réaliser un progrès, une économie quelconque.

une satisfaction intime à bien travailler ; il ressent une sorte d'orgueil à voir que l'objet sorti de ses mains conserve une belle apparence, « a de l'œil », comme on dit (1). Voilà la façon dont se retrouvent en lui les influences lointaines et ataviques d'une ancienne lignée de « compagnons », d'artisans habiles, « artistes », fiers de leur privilège et jaloux de leur chef-d'œuvre. Notre rôle paraît donc bien indiqué. Puisque nos moyens de transports sont défectueux, puisque nos débouchés sont limités, notre houille insuffisante et chère, les salaires de nos ouvriers élevés, faisons tout notre effort pour conserver, étendre et perfectionner notre industrie de luxe. Rien ne pourra la favoriser davantage que le retour aux vieilles traditions françaises dont on paye aujourd'hui, au poids de l'or, chez l'antiquaire, les anciens vestiges et les derniers restes. Cette renaissance artistique n'est possible qu'en France ; nous venons d'indiquer à quelles conditions elle serait réalisable. N'est-ce pas beaucoup, déjà, que plusieurs Sociétés, plusieurs groupes d'hommes intelligents, artistes, actifs et dévoués, se préoccupent de la question, agitent ces idées et les portent devant l'opinion ?

(1) Nous n'oublions pas, en écrivant ces lignes, la doctrine nouvelle du « sabotage ». Mais elle émane de l'officine révolutionnaire qui s'appelle la C. G. T., dont les vrais et bons ouvriers se tiennent écartés, ou à laquelle la plupart n'adhèrent que par la crainte, par faiblesse, et avec regret.

Cette transformation ou cette orientation nouvelle de l'industrie en France, laisserait, sans aucun doute, beaucoup de bras inoccupés. Serait-ce un mal ? Au contraire, car beaucoup des malheureux qui usent leur vie misérable dans les ateliers des villes, qui compromettent leur santé, l'existence de leur famille et l'avenir de la race elle-même, dans l'entassement des villes, les cabarets des villes, leurs bouges, leurs vices et leurs institutions de mort, retourneraient à la terre. C'est le vœu si éloquemment exprimé par M. Méline dans son beau livre où il démontre, au surplus, que cet espoir n'est pas chimérique.

Lorsque les villes seront décongestionnées, lorsque l'on aura canalisé les hommes et la vie par toutes les campagnes de France, comme autant de clairs ruisseaux un peu lents et paresseux, mais gais, mais chantants et ensoleillés, alors surtout, et peut-être alors seulement, pourrons-nous songer à décorer la maison ouvrière, à donner à l'ouvrier ce goût et cette compréhension de l'art qui demande à la fois de l'étude, des exemples, de l'aisance et des loisirs. Alors pourrons-nous voir sa maison nette et bien rangée, ornée des jolis meubles tels que nous en a montré l'Exposition si intéressante de 1907. Ce *Concours de mobiliers pour Habitations à bon marché,* tenu au Grand Palais, du 15 au 28 Février, et dû à l'initiative de la

Société d'Art populaire et d'Hygiène, donna les meilleurs résultats. Des fabricants de meubles, et des mieux qualifiés, se sont piqués d'émulation pour présenter des mobiliers de chambres à coucher et de salle à manger réunissant, à un point rare, toutes les qualités requises : bon marché, solidité, élégance de la forme née de la simplicité des lignes en parfaite conformité avec l'usage des objets et leur destination. Les efforts faits et réalisés dans ce sens par certaines maisons, nous ont paru surtout remarquables. En laissant aux bois employés leurs teintes naturelles, et par les ingénieuses combinaisons de leurs essences, ils donnent à leurs meubles une richesse de bon aloi, qui n'emprunte rien aux matières précieuses et rares; mais à la seule magnificence de la nature invisible et présente au cœur des arbres comme au sein des fleurs, et qui parle encore, dans les veines d'un hêtre ou d'un bouleau scié en planches, des ombrages estivals et des ramages de la forêt. Pour le présent, toutefois, malgré la modicité de leur prix, ces objets charmants ne peuvent encore entrer en des logements d'ouvriers. Avant de prendre un caractère artistique, il faut que ceux-ci soient d'abord simplement propres et hygiéniques.

Le fondateur de la *Société d'Art populaire et d'Hygiène* l'a bien compris. Le poète s'est souvenu à temps qu'il était aussi médecin. La

Société d'Art populaire, voici pour le premier ; *et d'Hygiène*, ajoute le praticien.

III

L'hygiène, voilà, croyons-nous, pour le présent, le côté par où cette *Société* peut et doit rendre des services immédiats. L'on sait que les logements insalubres ne sont pas rares, ni à la campagne ni dans les villes. Pour nous en tenir à Paris, rappelons la statistique établie par le docteur Bertillon (1). Sur deux millions et demi d'habitants, 365.000 environ habitent des logements entièrement insalubres, et 887,000 vivent dans des logements insuffisants. Nous avons signalé ces hontes, en étudiant la cause des ravages de la tuberculose (2). Mais, en même temps que nous avons constaté une *augmentation* de la mortalité, par le fait de cette maladie en France, nous avons observé qu'elle diminuait partout ailleurs, à l'exception de l'Italie : de 22 % en Angleterre, de 25 % en Prusse, de 15 % en Saxe, de 13 % en Belgique, de 5 % en Autriche, etc. Alors que la mortalité par la tuberculose a *diminué* de 37 % dans les villes d'Allemagne, dans les villes de France, au contraire, elle a *augmenté* de 24 %. Nous

(1) J. Bertillon. — *Des logements surpeuplés à Paris en 1900.* (Extrait du *Bulletin de la Société française des Habitations à bon marché.*)

(2) *Le Péril de la Race.*

disions à ce propos, et c'est un fait reconnu, que les mesures sanitaires générales prises soit par les municipalités, comme en Allemagne, soit par une admirable organisation de l'initiative privée secondée par les pouvoirs publics, comme en Angleterre, avaient accompli ce miracle. Ces mesures consistent dans une lutte persévérante et systématique contre l'habitation malsaine, malpropre, surpeuplée, ce que nous appelons le *taudis*, soit en l'améliorant s'il est possible, soit même en le supprimant, et en démolissant des îlots de constructions tout entiers, quand il est reconnu que ces maisons constituent par leur ensemble un centre d'infection, un foyer constant d'épidémies et de mort, que l'on ne peut conjurer et faire disparaître qu'en rasant la place.

Ces questions sont d'une si haute importance, que leur étude a déterminé la réunion d'un *Congrès international d'assainissement et de salubrité de l'Habitation*. Aux secondes assises de ce *Congrès*, en 1906, M. Marié-Davy, ingénieur-agronome, a présenté un rapport sur l'*Assainissement des îlots insalubres dans les Villes*. La remarque que M. Marié-Davy, secrétaire général de ce Congrès, est en même temps le secrétaire général de la *Société d'Art populaire et d'Hygiène*, suffit à montrer le rôle hygiénique très vaste et très utile qui s'offre à l'activité de ce groupe, et qu'il commence à remplir.

Nous ne passerons pas en revue les vœux très nombreux formulés par le Congrès. Il en est un, cependant, qui intéressera davantage nos lecteurs, bientôt renseignés sur l'organisme des Cités-Jardins en Angleterre. C'est celui-ci : « Que l'on crée, et surtout que l'on maintienne sur tous les points des villes où faire se pourra, de *vastes espaces libres* fonctionnant comme *organes respiratoires.*

« Que l'on prévoie l'agrandissement à longue échéance, des agglomérations urbaines, par l'achat, au loin, de grandes étendues de terrains reliées entre elles, et constituant, pour la future cité agrandie, des *espaces libres inaliénables.* »

Ce sont bien là les principes d'après lesquels ont été construites les villes modèles de Port-Sunlight, de Bournville et de Garden-City. Et c'est en ce sens, que nous approuvons l'internationalisme, que nous applaudissons des deux mains à la marche, au développement de cette idée, lorsqu'elle a pour but et pour effet de gratifier tous les peuples, indistinctement, des découvertes et des progrès de la science, de l'ordre, de l'hygiène, de la bienfaisance, de la beauté physique et morale, dans les villes comme chez les individus.

Les vœux émis par de tels Congrès ne restent pas toujours à l'état platonique. Ils jettent dans le sol une semence souvent lente à germer, comme ces grains qui semblent morts pendant les longues nuits de l'hiver, mais que le premier rayon de soleil fait croître et développe.

En voici un exemple intéressant. Prenant en considération certains termes du rapport de M. Marié-Davy, le Congrès émit le vœu : « Que les pouvoirs publics facilitent aux villes la transformation de leurs vieux quartiers, par une législation simplifiant ou abrégeant la procédure actuelle, tendant à alléger les charges des communes par une estimation plus conforme à leur vraie valeur, des immeubles expropriés, permettant enfin l'assainissement réel, par la création préalable de logements de remplacement destinés aux classes nécessiteuses. » Ce vœu vient de recevoir un commencement d'exécution. Par une délibération toute récente du Conseil d'État (1), la ville de Paris se voit reconnaître, pour l'avenir, « le droit, et indiquer les moyens de réclamer des indemnités de plus-value aux propriétaires riverains de voies nouvelles ou améliorées ; et le Conseil municipal et l'Administration préfectorale sont d'accord pour profiter de ce droit et employer ces moyens ».

L'on veillera maintenant, nous en sommes sûrs, à ce que les sommes recouvrées de la sorte par la ville de Paris, n'aillent pas s'engloutir dans la caisse commune, mais reçoivent la destination prévue par le *Congrès international*

(1) Janvier 1908.

d'assainissement, et réclamée par son secrétaire général.

Mais un point mérite encore toute l'attention de l'hygiéniste, de celui qui rêve voir la race humaine de son pays devenir plus belle et plus forte, et par là plus heureuse. C'est l'alimentation. Elle est généralement lamentable dans les classes populaires ; comme dans les classes riches, il est vrai, mais pour une tout autre cause. Car tandis que ceux-ci récoltent tous les inconvénients et toutes les déformations de la goutte, du rhumatisme et de l'arthritisme, par excès de nourriture carnée et succulente, ceux-là dégénèrent et s'atrophient par défaut de nourriture substantielle et réconfortante.

L'homme est un singulier animal. Le docteur Cazalis s'étonnait, il y a déjà longtemps, de son indifférence en matière de mariage (1). Il avait raison. Hé quoi ! Il n'y a pas de sportsman qui ne tire vanité du « pedigree » de son cheval ou de son chien, mais ses origines à lui-même lui importent beaucoup moins que celles des individus meublant son écurie ou son chenil ! A part les héritiers de quelques vieilles familles, justement fiers de leur race, et renseignés sur leur généalogie, qui donc s'occupe du nom que portait sa grand'mère maternelle, et serait encore capable de se débrouiller dans sa famille, après deux ou trois générations ? Quel est celui

(1) *La Science et le Mariage*. — Doin, éd.

que la question intéresse, de savoir si son bisaïeul était un homme de distinction ou du commun ? De pareils soucis, chez un bourgeois, paraîtraient une prétention insupportable. Et cependant ce sont ceux-là qui le préoccupent le plus, quand il achète un cheval de selle ou un chien de chasse. Il sait toute l'importance que présente le choix d'un étalon, et la pureté du sang, pour maintenir la beauté de la race et la conservation de l'espèce, des qualités qu'il apprécie chez un animal domestique, mais il trouverait indécent de prendre les mêmes garanties pour le mariage de ses enfants. De même aucun éleveur n'ignore l'influence de la nourriture, dans les conditions de bonne ou de mauvaise santé qui président à la prospérité ou au dépérissement de leurs animaux, de leur bétail. Et cette nourriture est soigneusement choisie et dosée, selon la quantité de travail qu'ils doivent fournir, ou la qualité des produits qu'ils peuvent donner. Mais il n'y a pas d'homme qui sache, d'une façon scientifique et méthodique, quels sont les meilleurs aliments pour lui, et jusqu'à quel point il a la faculté ou défense d'en user ou de s'en abstenir. Il mange et il boit ce qui lui plaît, et comme il lui plaît, et quand il est malade il appelle son médecin. Là se borne toute sa sagesse. A la ville comme à la campagne, il témoigne beaucoup moins d'intelligence et de raison avec ses enfants, qu'avec ses poules ou ses lapins. Sans chercher le moins du monde à s'instruire sur la façon très délicate, et fort difficile, d'élever des nourrissons et de diriger des enfants, on le voit pousser l'insouciance, l'incurie et la fantaisie, jusqu'au crime. L'on raconte souvent qu'il n'est pas rare de voir, dans les milieux populaires, des mères de famille endormir leurs bébés avec un morceau de sucre imbibé d'alcool, et plus tard le père laisser boire son petit garçon dans son verre d'absinthe : *pour lui donner des forces* !

Le docteur Cazalis a pensé qu'il était temps d'intervenir et de faire cesser ce scandale si préjudiciable à l'avenir de la race. Depuis longtemps les médecins, aidés par de précieuses initiatives privées, ont entamé la lutte. Ils se sont préoccupés de divulguer les connaissances nécessaires pour donner des soins éclairés aux enfants du premier âge, et pour aider les jeunes mères dans l'accomplissement de ce devoir essentiel (1). Mais cela n'est pas suffisant. Il ne

(1) Le docteur PINARD a fait des cours aux élèves de l'École normale des institutrices des Batignolles, et aux élèves de l'École primaire des jeunes filles, du boulevard Pereire. Ces leçons faciles ont été réunies en volume pour être mises à la portée de tous.

Le professeur BUDIN a enseigné à la polyclinique de Rothschild; de plus, il a dirigé une véritable croisade en faveur de l'allaitement maternel, successivement à Paris, à Sens, Auxerre, Boulogne-sur-Mer, Arques, Douai, Pantin et Montreuil.

Dans sa thèse, le Dr BINET a donné la bibliographie de 91 travaux divers, livres, articles de revues, thèses de médecine, publiés, concernant tous la mortalité infantile, le régime et l'allaitement des nourrissons. Voici le titre de l'ouvrage : *L'Allaitement maternel*

faut plus que la nourriture de l'homme reste soumise à tous les caprices de sa fantaisie ignorante. Et c'est pour l'en instruire, que le docteur Cazalis a écrit tout un livre sur l'*Alimentation à bon marché, saine et rationnelle* (1). Ce livre s'adresse à tous, aux riches comme aux pauvres, car il tâche de rétablir l'équilibre nutritif entre ces deux grandes classes sociales. Comme il a voulu déjà mettre les plaisirs esthétiques, la connaissance et la jouissance du beau, à la portée des humbles, son auteur a été guidé par cette belle idée humanitaire de faire en sorte que tout homme, ici bas, puisse satisfaire aux besoins pressants de la faim. « Je veux, dit-il, l'égalité dans l'habitation comme elle existe dans le costume, et l'égalité dans l'alimentation comme elle existera dans l'habitation. » Ainsi présentée, la formule est trop absolue et paraît utopique, mais elle est faite pour retenir l'attention et frapper, et « relativement » elle est juste. C'est-à-dire que les riches doivent se convaincre qu'ils mangent trop, et que leur régime de nourriture presque exclusivement carnée est détestable. D'autre

considéré spécialement au point de vue de ses difficultés sociales (Paris, Jouve, 1904, in-8°). L'on y trouve des renseignements très utiles sur les *Œuvres de protection de la première enfance*, et les *Œuvres diverses d'assistance maternelle*.

(1) Paru chez Alcan, et couronné par l'Académie des Sciences morales et politiques. Presque en même temps, les docteurs LANDOUZY et LABBÉ publiaient leurs *Préceptes d'hygiène et d'économie alimentaires en quatre tableaux*.

part, les pauvres peuvent se mieux nourrir en dépensant moins d'argent qu'ils ne le croient. Entraînés par l'exemple des riches, ils s'imaginent que seule la viande donne des forces et représente la meilleure catégorie dans l'alimentation. Ce n'est pas vrai. Des aliments très simples et bien meilleur marché, tels que toutes les substances végétales, répondent beaucoup mieux aux besoins réels de notre machine humaine. Et si la composition des menus avait une tendance à s'unifier sur toutes les tables, toutes les santés s'en trouveraient mieux, le riche en sacrifiant un peu de sa bonne chair, et le pauvre de son alcool (1).

Ce qui distingue les idées du docteur Cazalis,

(1) Diverses fondations de *Restaurants populaires*, tant en province qu'à Paris, se sont préoccupées de ces questions essentielles de l'alimentation à la fois saine, suffisamment nutritive et bon marché. A Paris, par exemple, le *Restaurant coopératif des étudiants*, la *Fondation de Belleville*, le *Restaurant économique* de M. Henri de Rothschild, 61, rue Damrémont, l'*Etoile Bleue*, restaurant fondé par la Société contre l'alcoolisme, à l'angle du boulevard Saint-Germain et de la rue Dante, les cantines établies par les grandes Compagnies et différents chefs de grandes usines. Pour les ouvrières seules : les restaurants, foyers, réchauds de la place du Marché-Saint-Honoré, 27, de la rue Richelieu, 47, de la rue du Bac, 21, du faubourg Saint-Honoré, 170, où le repas ne monte qu'à 0 fr. 90. Il varie entre 0 fr. 60 et 0 fr. 75 au *Foyer de l'Ouvrière*, 60, rue d'Aboukir, 35, boulevard des Capucines, 12, rue de la Victoire, 67, faubourg Saint-Denis, et à l'*Œuvre familiale de l'Ouvrière*, 74, rue d'Hauteville.

Mais, en résumé, dit Mme Moll-Weiss, dans l'article où nous avons pris ces renseignements (*La Revue* du 1er Février 1908), en résumé, « de toutes nos enquêtes il ressort clairement qu'il est impossible de faire dans Paris un repas suffisant, surtout pour de jeunes estomacs, à moins d'une dépense de 1 fr. 15 à 1 fr. 25 ; au-dessous, on peut avoir l'illusion d'un repas, on n'en a que l'illusion ; c'est ce que j'appellerais un *repas de famine* ».

c'est qu'elles aboutissent toujours à un résultat pratique. Son livre sur l'*Alimentation à bon marché* n'est donc pas seulement un livre savant de chimie culinaire, il est aussi un livre de recettes. On y trouve le secret de faire une bonne soupe nutritive, moyennant un peu moins de 0 fr. 35, pour deux personnes ; on y apprend comment on peut nourrir, au plus juste prix, une famille de trois personnes en hiver, etc. Certes, ces menus sont moins variés que ceux du baron Brice, et feraient le désespoir d'une bonne cuisinière bourgeoise, mais ils méritent notre reconnaissance, pour ne pas donner 365 moyens différents de se rendre malades, dyspeptiques et goutteux. L'on doit compter sur les efforts de la *Société d'Art populaire et d'Hygiène*, pour les répandre et les faire adopter.

VERS LA LUMIÈRE ET LA BEAUTÉ

LES
CITÉS-JARDINS EN ANGLETERRE

VERS LA LUMIERE ET LA BEAUTÉ (1)

LES CITÉS-JARDINS EN ANGLETERRE

SOMMAIRE : Le nouvel esprit démocratique et la charité des idées.

I. — Ce qu'il faut entendre par *Cité-Jardin*. — Une ville idyllique : *Garden-City*.

II. — Les maisons et les conditions de la vie à *Garden-City*. — Les idées de M. Howard : hygiène, économie, beauté.

III. — *Bournville* et M. Cadbury. — Le propriétaire d'une ville pour 999 ans. — Les idées de M. Cadbury et ses institutions sociales. — La régénération de la race.

IV. — Un village d'enfants assistés. — Une Société coopérative de consommation monstrueuse : la *Coopérative Society de Manchester*. — 400 gâteaux à la minute.

V. — *Port-Sunlight* et M. Lever. — Singulière fortune d'une épicerie. — Une organisation modèle : bureaux et ateliers de l'avenir. — Le travail, l'hygiène, et la beauté de la race. — Intérêts communs du patron et des ouvriers — Pas de philanthropie : le respect de la dignité humaine et la collaboration. — La *boîte de suggestions*. — A chacun sa part. — A quelles conditions la question sociale peut être résolue.

Vers la lumière et la beauté ! Ce n'est pas de l'autre côté de la Manche houleuse et glauque, que la puissance évocatrice de ces mots prestigieux transporte notre imagination, à l'ordi-

(1) L'on a conservé à l'étude qui va suivre, son premier titre, ainsi que la première forme sous laquelle elle a d'abord été publiée au retour d'un voyage en Angleterre. Nous avons pensé que son

naire, mais bien plutôt sur les rivages de la Méditerranée aux ondes tièdes et bleues. Ce n'est pas la sombre et mélancolique Angleterre, avec ses brouillards et ses fumées, qu'ils évoquent dans la masse de nos souvenirs de voyageurs, mais bien plutôt le cortège éclatant et magnifique des choses somptueuses de l'Italie ou de l'Espagne, la magie de leurs civilisations lointaines, de leur art voluptueux ou tragique, de leur terre fleurie et parfumée, dont les noms seuls sont une caresse ou un panache : *Isola Bella*, *Venezia*, *Napoli*, *Cordoba*, *Burgos*, *l'Alcazar!* Le paradoxe pourtant, n'apparaît ici que dans les mots. Tout autre est la réalité des faits.

Dans un article paru, il y a quelques années, M. de la Sizeranne observait avec la finesse ordinaire de son esprit subtil, la très grande différence survenue dans la façon de représenter, en peinture, les scènes de la guerre.

Autrefois, le chef seul attirait l'attention, et son brillant état-major caracolant sur de beaux chevaux caparaçonnés, tous revêtus de brillants uniformes ou de costumes avantageux. Au second plan, très reculé, à demi caché par les nuages bleuâtres de la poudre, se déroulaient les péripéties du combat. Et puis, au contraire,

allure de récit, et les souvenirs personnels qu'elle évoque, en lui donnant plus de vie, la rendrait plus agréable à lire, sans rien lui retirer de sa valeur documentaire et de son intérêt social.

de notre temps, le général, le roi, l'empereur, ont fait place au soldat, le chef et le bénéficiaire de la bataille, à la foule anonyme des combattants. Ce que le peintre nous montre, ce n'est plus le chapeau de parade du divisionnaire, mais le képi souillé du fantassin; et plus encore que la mêlée confuse et générale, c'est l'épisode sanglant, la réalité précise et douloureuse de la guerre, de ses nécessités et de ses atrocités.

Ainsi l'esprit public évolue; le mouvement est universel et ne saurait passer inaperçu. L'on ne se contente plus, de nos jours, de glisser sur les surfaces unies, en évitant, s'il est possible, même le pli d'une feuille de rose. Nous nous rendons mieux compte des réalités tragiques de la vie, pour la grande majorité des êtres humains, ceux dont nous ne connaissons pas les noms, et qui, pour n'avoir point d'histoire, n'en demeurent pas moins très malheureux. Nous nous intéressons davantage à la collectivité, et quels que soient nos plaisirs, nos loisirs ou nos fonctions, nos idées prennent une direction nouvelle, l'angle sous lequel nous considérons les hommes et les choses, grandit, notre horizon s'accroît d'autant, et ce qui, jusque-là nous échappait, entre tout à coup dans notre rayon visuel. Nous apercevons de nouveaux rapports, et de nouvelles conclusions s'en suivent et s'imposent.

En voyage, par exemple, ce sont les églises, les palais, les musées, les monuments publics, les œuvres d'art de tout genre, qui jouent le rôle de l'état-major marqué par M. de la Sizeranne. Mais si nous allons plus loin que ces superbes apparences, si nous creusons jusqu'à la base de ces édifices, et si nous fouillons jusqu'à la vie des hommes grouillant à leur pied, alors tout change de face. Derrière une brillante façade, se démasquent de hideuses plaies et des tares honteuses. Après et à côté de la verte oasis, s'étend la soif immense du désert desséché. Dans la lumière empourprée du pompeux Orient, nous distinguons tout à coup les lèpres de ses misères, et les yeux clos de ses aveugles, chassieux et repoussants. Après la gondole de Venise, la chanson napolitaine et la loggia de Florence, les souffrières de la Sicile; après la mosquée de Cordoue et la Giralda de Séville, le sang des corridas, et la mendicité des rues. Tandis que, par contre, à travers les brouillards jaunes des cités manufacturières anglaises, passe tout à coup une flèche d'or du céleste soleil, d'autant plus éblouissante qu'elle perce la nuit, comme la coulée chaude d'un Rembrandt, ou le rayonnement d'un Turner. Ainsi, et pendant que les peuples latins, mollement étendus sur les bords de la mer où mûrit l'oranger, s'abandonnent à leur heureux sort et s'endorment, d'autres, que le froid pique et que le vent cingle, s'ingénient à se garantir contre la nature hostile. Ils y parviennent à la perfection. Leur nid ne saurait se balancer entre les branches des arbres, il le leur faut solide, et solide ils l'ont construit, et de pierres et de briques. Mais ces briques sont tristes, et la pierre de ces maisons n'est pas le marbre qui se patine et se dore sous un ciel bleu. Leurs murailles blanches se noircissent à la fumée des usines, à la suie des cheminées où brûle la houille, aux longs sanglots de la pluie ruisselante et continue.

Lorsque la nécessité ne se montre plus aussi pressante de lutter contre son ennemi, de se fortifier contre ses attaques désormais conjurées, un autre besoin s'impose aux hommes civilisés : celui de la beauté. Après la solidité que notre sécurité réclame, c'est la légèreté et la grâce dont nos yeux sont avides, et désirent le spectacle. Après le donjon du Moyen Age, le château de la Renaissance. C'est par la fleur et le jardin, que les Anglais ont obtenu cette satisfaction des sens, et cultivé cette catégorie de l'idéal. Depuis longtemps le *cottage* anglais a fait fortune en France, et l'on sait tout ce qu'il faut entendre, par ce mot, de recherche et d'invention ingénieuse en vue de favoriser, dans une demeure humaine, le maximum de ses aises, et de réaliser les plus extrêmes satisfactions du *confortable.* Mais ces sortes d'installations ont un très grave défaut; elles sont fort coûteuses et réservées aux seules grosses bourses. N'y avait-il pas moyen d'étendre à un plus grand public, aux classes profondes de la population, la jouissance si grande, si saine, si réconfortante « de la maison de famille, hygiénique et salutaire » ? C'est l'honneur du peuple anglais d'avoir soulevé le premier ce problème, et d'avoir pris les devants dans une voie où toutes les autres nations n'ont marché qu'après lui.

Mais l'entreprise des logements ouvriers, parvenue à un si haut point de prospérité chez les peuples anglo-saxons, ne satisfit point encore les ambitions humanitaires de ce peuple chez qui, grâce à son génie propre, à ses habitudes d'indépendance et d'initiative personnelle, « par tradition et antiquité du *self government* », comme dit Taine, les œuvres sociales prennent avec rapidité une extension et un développement inconnus ailleurs. Le point de vue supérieur de la question préoccupa bientôt les Anglais. Etait-ce assez de mettre matériellement à l'abri d'un toit, cette catégorie de citoyens si mal appelée en France du nom de « prolétariat », c'est à dire des humbles, des travailleurs modestes? Ils ne le pensèrent pas. Ils estimèrent que ceux-là, comme les autres, avaient droit à leur part d'idéal et de vie esthétique sur le sol de la patrie — et les cités-jardins furent fondées.

Certes, c'est un grand spectacle, et nous n'en

connaissons pas de plus noble et de plus impressionnant, que celui de ce peuple anglais, si déshérité de la nature, sur son sol humide et froid, sous son ciel de crêpe, sans sourire et sans gaîté, s'efforçant, de toute son inlassable et indomptable énergie, à la conquête de ces biens de la terre et de ses divines douceurs, ailleurs si libéralement répandus, y réussissant à la fin, et de telle manière que les autres nations viennent prendre chez lui des leçons et des idées.

Et voilà comment, à l'aurore du vingtième siècle, la sombre et pâle Angleterre apparaît aux yeux du voyageur étonné, comme l'heureuse cité des fleurs, des parfums, de la lumière et de la beauté !

I

Quelques efforts furent tentés en France dans le même sens.

Nous avons longuement parlé de la *Société internationale d'Art populaire et d'Hygiène,* dont le poète Jean Lahor jeta les fondements en 1905.

De son côté, M. Georges Benoît-Lévy, après de longs séjours en Angleterre et en Amérique, où il étudiait ces organisations récentes, lança son *Association des Cités-Jardins de France,* et c'est avec lui et quelques adeptes de ces idées nouvelles, que nous avons fait le voyage dont nous allons parler. Mais, en France, le mouvement se dessine à peine, et les résultats obtenus ne dépassent guère l'état de projet, tandis qu'en Angleterre, comme en Amérique, des sommes considérables ont été déjà dépensées, de grands travaux exécutés, et des *Cités-Jardins* s'épanouissent au soleil, en pleine prospérité, donnant au vieux monde et au continent, l'exemple instructif et gracieux de leurs parterres fleuris, des tapis verts de leurs gazons, de leurs ateliers modèles.

Car il faut prendre ici le mot « Cité » dans son acception complète et véritable. C'est cela qui constitue la grande nouveauté de la *Cité-Jardin*, et donne à son existence tout son intérêt et sa haute portée sociale. De jolies villas jetées dans la verdure, il n'en manque pas en France et ailleurs, dans la campagne des environs de Paris et de toutes les grandes villes, aux abords de nos plages, dans les endroits à la mode. Mais ces agglomérations de maisons entourées de jardins, ne forment pas une ville, une cité, c'est-à-dire ces réunions d'hommes, où la vie des citoyens peut se dépenser utilement, trouve un champ toujours ouvert à son activité dans les différents cercles de l'organisme social, ainsi que son salaire. La cité n'est pas un lieu de repos et de plaisir pour les personnes riches et oisives, c'est le grand centre de travail où se confectionnent, se fabriquent, s'élaborent les mille choses nécessaires aux besoins d'une société policée. Dans la *Cité-Jardin* nous devons donc trouver des usines et des boutiques, des fabricants et des commerçants, des administrations et des bureaux, toutes choses qui semblent contradictoires avec les conditions les plus essentielles de son existence. Il n'en est rien, cependant, et l'on va voir comment les Anglais ont su tourner les difficultés.

Voici d'abord *Garden-City*, que nous pouvons surprendre en pleine formation. Partout, des maçons, des terrassiers, des charpentiers. Tous les corps d'état rivalisent d'ardeur. Partis de Paris, le matin même, nous arrivons un peu tard pour commencer une promenade, et nous nous dirigeons tout de suite vers l'hôtel.

Que l'on ne se figure rien de semblable aux caravansérails luxueux, aux énormes bâtisses de pierre affectées ordinairement à cet usage. Pas de portier galonné et cossu, non plus que d'omnibus automobile ou à chevaux, avec la belle glace du fond, qui montre obstinément au voyageur, durant le trajet, sa figure pâle et fatiguée, ses vêtements poussiéreux. Nous avons accompli à pied le court chemin de la gare ; l'hôtel, où nous passerons la nuit, ressemble plutôt à ces jolis tourne-brides que nous montrent les anciennes gravures, alors que l'on voyageait à cheval ou en chaise. L'entrée est précédée d'un jardinet, et la porte s'ouvre sous une petite voûte en plein cintre, d'où tombent, en festons, des géraniums-lierres. L'intérieur est un peu étroit, mais il ne faut pas que les loyers coûtent cher. Nous sommes séduits par l'extrême propreté qui règne partout. Tous les préceptes de l'hygiène la mieux entendue sont scrupuleusement observés. Pas de nids à poussière, de ces tapis, tentures, papiers, inquiétants, d'un faux luxe prétentieux, et pour le moins inutile. Les murs sont peints; une bordure, décorée au pochoir, égaie la frise d'un autre ton en camaïeu, que parfois l'on voudrait moins heurté, mais il ne faut pas oublier que nous sommes en Angleterre. Le lit se dresse au milieu de la chambre, sans boiseries suspectes qui engloutissent dans leur profondeur des literies trop abondantes. Au-dessus des quatre pieds en fer, une sorte de filet en mailles métalliques supporte un mince matelas garni de sa couverture et de ses draps. Voilà qui est suffisant.

Le sobre repas du soir se termine vite.

La longueur du jour sollicite notre curiosité au dehors. Un petit bois est en face; nous y entrons d'autant plus volontiers qu'un vent froid souffle, en dépit du mois de juin où nous sommes. En même temps que nous y trouvons un abri, nous regardons, de là, s'éteindre la lumière et l'activité dans Garden-City. Le bruit des chantiers de construction, au loin, s'est arrêté. Ce sont les impressions de campagne qui dominent à cette heure. Le long de la route en bordure, passent, vite et silencieuses, de nombreuses bicyclettes. Jeunes gens, jeunes filles, semblent raser la terre comme des hirondelles après une pluie d'orage. Au carrefour de deux chemins, des hommes causent, le dos accolé au parapet d'un pont en pierre, sous lequel jase, dans l'herbe haute, la voix claire d'un ruisseau; et, dans un pré voisin, de jeunes enfants prennent leurs derniers ébats. A la tombée du crépuscule, des gens vont et viennent aux alentours des maisons, quelque objet aratoire à la main; une femme encore jeune, la taille mince, serrée non sans élégance dans une ceinture noire, est à genoux sur les cailloux d'une allée sablée, et, consciencieusement, méthodiquement, elle enlève, brin à brin, chaque mauvaise herbe, de ses mains gantées. Avant de pousser plus loin notre étude, il nous semble bien, à nous étrangers, débarqués à peine, que cette population doit être voisine du bonheur, cultivant en paix ses jardins. Un à un, des points lumineux sortent de l'ombre, comme les étoiles du ciel. Nous nous dirigeons vers l'une d'elles, guidé aussi par notre oreille, car des voix se font entendre, accompagnées d'un harmonium. La chapelle évangélique est provisoire, à peine construite de quelques planches, mais déjà elle retentit d'hymnes sacrées; dans la soirée printanière, elles se mêlent à l'harmonie du monde, et tiennent leur partie dans le grand concert de la beauté universelle.

L'heure est venue, pour nous, de gagner notre couchette. Avant de nous endormir, nous réfléchissons à la bonne leçon de sobriété, de simplicité rustique et saine, qui nous est donnée ici, par des hommes sages. Tandis que nos yeux se ferment, un sifflement long et très doux interrompt le silence de la ville endormie; peu à peu, il s'enfle et se brise en roulades veloutées; c'est un rossignol, dans le petit bois voisin, le veilleur attentif de *Garden-City.* Je me rappelle alors ces *notices* affichées dans les carrefours : « Défense de dénicher les oiseaux. » Les citoyens de cette ville sont idylliques et charmants, et la première chose que je sais des cités-jardins, c'est qu'on s'y endort, le soir, au chant du rossignol.

II

Le lendemain matin, de bonne heure, commence le voyage d'étude. L'aspect général de *Garden-City* est celui d'une de nos petites stations de bains de mer. Une seule rue, c'est-à-dire une voie bordée de maisons qui se touchent, comportant des boutiques au rez-de-chaussée. Elle descend de la gare, large comme l'un de nos boulevards parisiens; de plus, elle est flanquée, à droite et à gauche, d'une contre-allée pour les piétons, dont une large bande gazonnée et plantée d'arbres la sépare. Encore cette rue-boulevard n'est-elle pas bien longue, et, tout de suite, elle conduit aux diverses avenues qui s'entrecroisent dans la ville. Chaque maison est alors séparée de la maison voisine par un petit jardin, et quelques mètres de jardin la placent encore en recul de la route, de sorte que, le jour, l'air, le soleil, l'enveloppent de tous côtés, comme d'une zone sanitaire et protectrice. Ces cottages sont agréablement bâtis, dans le genre que l'on connaît. Pas de ces vilains cubes de pierre carrés, percés de trous comme des dés à jouer. Les toits, généralement élevés et recouverts de tuiles d'un beau rouge franc, terre cuite, sont garnis de nombreuses lucarnes rampantes. Les boiseries apparentes sont, le plus souvent, peintes en vert foncé, vert bouteille. Devant chaque entrée, un petit auvent en visière de casquette, s'avance aimablement vers le visiteur, et partout les *bow-windows* arrondissent leurs gros yeux, rompant la monotonie de la façade. Des rideaux de vitrage pincés vers le milieu par des rubans de couleur, contribuent à la grâce très réelle que donne, à l'extérieur de ces habitations, leur architecture habile. Le reproche qu'on pourrait pourtant leur faire, c'est qu'elles ne varient pas assez entre elles. Très plaisantes à l'œil, individuellement, lorsqu'elles se répètent à dix ou quinze exemplaires à la file, même avec la séparation du petit jardin, il s'ensuit tout de même une uniformité regrettable. On sait, d'ailleurs, que c'est là l'écueil de toutes les villes en Angleterre.

Nous entrons. L'un de nos compagnons, architecte de Paris, fait la critique de métier. L'absence de cave lui paraît un fait regrettable dans un pays humide. Ces constructions, de plus, semblent trop légères pour résister longtemps aux intempéries continuelles du climat. Le propriétaire devra donc, à son point de vue, escompter un amortissement plus rapide en fixant le prix de ses locations. Le loyer de la maison que nous visitons, est pourtant de six schellings par semaine, soit trois cent soixante francs par an. On peut donc la considérer comme très bon marché, bon marché au-delà du vraisemblable, si l'on considère tout ce qu'elle comporte : d'abord une entrée où se trouve une laverie avec fourneau à gaz, une office avec un poste d'eau, et, à côté, un hangar couvert; ensuite, dans la maison, un salon, une salle à manger, et trois chambres à coucher. Le salon est un véritable salon; sa window s'arrondit à un bout, garnie d'une chaise longue confortable en cuir; une demi-douzaine de chaises et un fauteuil, également de cuir, se groupent autour d'une table à thé; des gravures au mur récréent la vue, et une étagère de noyer supporte une foule de bibelots, de photographies. Nous retrouvons une chaise longue dans la salle à manger, et des gravures ; à un angle, le dressoir où se rangent des tasses et des soucoupes en porcelaine fine décorée, jetant une note claire et gaie. Dans la cheminée est installé un four économique, à côté de la grille à coke. Par un système ingénieux, cette cheminée permet, l'hiver, en même temps que l'on se chauffe, de cuire un rôti, sans frais et sans odeur.

Nous montons.

La principale chambre, au premier étage, est meublée à l'avenant, avec un grand lit de cuivre, une commode-toilette, fort propre, garnie de ses ustensiles en faïence blanche à fleurs. Un lit d'enfant est auprès, et le sol est recouvert d'une toile cirée à dessins. Ce joli home est habité par un simple ouvrier et sa famille. L'homme gagne, il est vrai, cinquante francs par semaine, ce qui constitue un beau salaire, mais non supérieur à celui de beaucoup d'ouvriers en France, et bien modeste, encore, pour une famille de cinq personnes. Mais ici le loyer ne pèse pas aussi lourdement sur le travailleur, puisque celui-ci est bien loin de lui consacrer le cinquième de son budget, somme estimée généralement nécessaire par nos économistes. La vie est donc à bon marché dans

Garden-City; ce n'est pas l'effet du hasard, et nous allons voir comment.

Nous ne parlerons pas des usines de la ville, bien qu'un certain nombre y soient déjà installées et s'y développent, notamment une imprimerie coopérative qui publie une revue mensuelle illustrée, *The Garden-City*, l'organe officiel de cette localité. Ces industries sont encore trop nouvelles; tandis qu'ailleurs nous en visiterons dans toute leur magnifique et grandiose efflorescence. L'intérêt de *Garden-City* réside surtout dans l'histoire de sa formation.

Habent sua fata libelli, disait Horace. La glorieuse destinée, et, ce qui vaut mieux, la très grande et très utile répercussion sociale du livre de M. Howard, *Demain*, fut la création de *Garden-City*, d'une ville modèle, où les hommes peuvent vivre sainement, hygiéniquement, moralement, dans la nature, sans être millionnaires.

M. Howard, publiciste anglais, avait été frappé, comme beaucoup de ses contemporains, du double phénomène qui préoccupe et inquiète tous les économistes et tous les sociologues : le surpeuplement des villes et l'abandon progressif de la campagne. Non seulement il eut alors l'idée de rechercher les causes de cet immense péril, mais il sut aussi trouver des remèdes au mal, et des remèdes *pratiques*, trait distinctif et permanent du génie de sa race. Beaucoup de médecins conseillent à des alcooliques de ne plus boire, à des tuberculeux pauvres de se suralimenter et de s'en aller promener à la campagne. Cela n'est pas pratique. Mais ce qui est pratique, c'est d'empêcher les gens de devenir des alcooliques et des tuberculeux, en les plongeant dans un milieu normal et sain, en les mettant dans des conditions de vie que réclame la nature humaine pour se développer, fleurir et produire ses fruits. Lorsqu'un jardinier veut obtenir une belle plante, il ne la porte pas dans la cave, il la met dans une serre. Pour détruire le vice de la boisson chez l'homme, il faut lui donner la possibilité de vivre en famille; pour préserver cette famille de la tuberculose et de toutes les misères qui ont pour conséquence finale la dégénérescence d'un peuple, il faut lui permettre de vivre ailleurs que dans des bouges et des taudis infects, sans jour, sans air, sans soleil. Il faut qu'enfin, l'adage populaire ne soit pas un affreux mensonge, mais devienne l'exacte vérité : « Le soleil luit pour tout le monde ! » Il n'est pas pratique d'empêcher des gens qui s'obstinent à quitter leur village, de venir s'entasser dans des villes. M. Howard a montré qu'il était pratique de concevoir et d'organiser ces villes de telle manière qu'elles offrissent, à la fois, les mêmes avantages sociaux que par le passé, et que les hommes y viennent chercher, tout en empruntant à la campagne son réservoir de forces, ses vertus domestiques, son atmosphère de calme et de repos, son caractère d'éternelle et vivifiante beauté.

M. Howard fut assez heureux pour rallier à ses idées des hommes d'affaires, non seulement dans toutes les classes de la société, mais dans tous les partis politiques, et la *Garden-City Association* fut fondée, au capital de sept millions cinq cent mille francs. Pour son champ d'expérience, M. Howard choisit un vaste territoire de mille cinq cent vingt hectares, à cinquante kilomètres au nord de Londres, et l'acheta pour le prix de trois millions sept cent cinquante mille francs, soit vingt-cinq centimes le mètre carré. L'acte d'achat fut célébré le 8 octobre 1903 (1).

L'on pense bien que le premier soin du fondateur fut de limiter la population de sa ville modèle. Elle ne dépassera pas trente mille âmes. Il sera très facile d'observer cette prescription; il serait même impossible de transiger avec elle, car le terrain de *Garden-City* n'est pas du terrain à bâtir que l'on découpe par tranches, indéfiniment. Le plan de la ville fut exactement tracé, avec ses réserves.

(1) Nous avons puisé ces détails dans l'ouvrage de M. Georges Benoit Lévy, la *Cité-Jardin*. Ce livre, très bien documenté, nous a servi plus d'une fois à compléter nos notes hâtives de voyageur.

Non seulement chaque maison de *Garden-City* est entourée d'un jardin, mais chaque îlot de maisons est protégé par un espace libre. Des espaces libres sont également ménagés au centre de la ville, ici pour un parc, ailleurs pour les jeux et les sports, etc. Donc personne ne pourra empiéter pour construire, sur ces espaces réservés, et le fondateur de la ville est assuré qu'elle conservera toujours son caractère.

M. Howard a pris le soin de réglementer l'administration de la ville, mais la plus grande liberté est laissée aux habitants de s'organiser à leur guise. Nous avons vu que plusieurs industries se sont déjà créées ou transportées à *Garden-City*. Les différentes classes de la société y sont donc représentées. Nous sommes encore entrés dans le *home* d'un jeune ménage d'employés. Le mari va tous les jours à Londres, où l'appellent les occupations de son bureau, et malgré les deux grandes heures de chemin de fer qu'il s'impose chaque jour, malgré le surcroît de dépense qui s'ensuit, il aime encore mieux jouir de sa petite maison et de son petit jardin, et il y trouve encore plus d'économie que s'il habitait Londres.

La vie économique, là est le chef-d'œuvre de M. Howard.

Le très bas prix du terrain sur lequel achève de se construire la ville modèle, permet de louer les maisons à bon marché. L'on pourrait objecter que des conditions aussi favorables sont exceptionnelles, et que de la réussite de *Garden-City* l'on ne saurait conclure, sans imprudence, au succès de tentatives semblables. Mais sans compter qu'il n'ést pas si rare qu'on croit, de trouver du terrain, et beaucoup de terrain, à bon compte, dans les régions éloignées des villes, la vie à bon marché de Garden-City tient à bien d'autres causes, dont la principale est la pratique du système de *local option*.

Voici en quoi il consiste : lorsqu'un commerçant désire s'installer, on procède à un referendum, et la permission d'ouvrir boutique ne lui est octroyée que si la majorité des habitants trouve celle-ci utile. De ce fait, les citoyens se tiennent dans un rapport constant avec les maisons de commerce, avec les patrons et avec les employés. Ils connaissent réciproquement leurs besoins. Il s'ensuit une sorte de coopération de tous aux affaires de la Cité. Au point de vue social, les effets sont excellents; de plus, l'on prévient ainsi « l'envahissement absurde de milliers de boutiques inutiles, dont le principal effet est, en multipliant les intermédiaires, d'augmenter le prix des choses pour la bourse du consommateur, sans enrichir les marchands ruinés par la concurrence. Et par là on s'assurera les meilleurs des effets que l'on prête, à tort, à la concurrence, c'est-à-dire des prix bas, des salaires élevés, des marchandises de choix. Cela sera profit pour les uns et pour les autres : pour le consommateur qui sera sûr d'avoir des marchandises de choix, pour les employés dont les conditions de travail préoccupent le consommateur, pour le commerçant lui-même qui sera sûr de pouvoir écouler sa marchandise (1) ».

Mais encore, réfléchit-on à toutes les dépenses dont la tentation continuelle des magasins rencontrés à chaque pas, est l'occasion, pour les femmes, dépenses inutiles, tendant à développer le faux luxe, au grand détriment des bourses et du bon goût ?

Avons-nous besoin de dire que l'on chercherait vainement, dans *Garden-City*, une seule maison qui ressemble à ce que nous appelons un café, un bar, ou un marchand de vins? L'on n'y trouve qu'un seul restaurant de tempérance. L'ivrognerie, l'alcoolisme y sont donc inconnus, et l'on a déjà calculé ce que ce terrible vice coûte aux hommes qui s'y livrent, par l'argent qu'il leur fait dépenser, d'une part, et par l'argent qu'il les empêche de gagner, d'autre part; ce qu'il coûte à la société et à l'État, c'est-à-dire au budget, et, en définitive, au contribuable, par les chômages qu'il entraîne, par les crimes qu'il fait commettre et la répression que ceux-ci

(1) La *Cité-Jardin*.

nécessitent, prisons ou maisons d'aliénés. Si l'on veut le savoir, que l'on lise la fameuse brochure publiée naguère par Mgr Turinaz, l'éminent évêque de Nancy : *Trois Fléaux de la classe ouvrière* (1).

Ce n'est donc pas seulement par l'économie matérielle de la dépense, que la vie des cités-jardins revient à bon marché, c'est aussi par un phénomène esthétique et moral : par la pratique du bien qui est la beauté des âmes. Cette beauté, il appartenait au sens pratique des Anglais de prouver, par l'exemple, qu'elle pouvait être encore une source de richesses pour les peuples et les individus. C'est cette vérité intéressante que nous feront encore mieux toucher du doigt, par leurs récentes créations, des industriels comme MM. Cadbury, à *Bournville*, et M. Lever, à *Port-Sunlight.*

III

Le même tramway électrique qui nous a fait traverser Birmingham dans sa plus grande longueur, nous conduit à *Bournville*, distante seulement de cinq kilomètres. Ce court espace sert de transition entre la ville fumeuse et la cité-jardin sa voisine. A droite et à gauche, la

(1) Mgr Turinaz estime cette dépense ou cette perte d'argent annuelle, à un milliard et demi pour la France.

route, animée par le passage incessant des bicyclettes, dont beaucoup sont montées par des jeunes filles, est bordée par des villas de campagne spacieuses, et, par cette journée de printemps, les aubépines roses, les cytis aux grappes d'or reçourbées, touffent leurs masses fleuries par-dessus les murs, au travers des grilles, dans un air de fête et de vie joyeuse. *Bournville* est le prolongement de cette route. Nous y arrivons à la nuit tombante, mais assez tôt encore pour nous apercevoir que les maisons sont plus grandes qu'à *Garden-City*, et paraissent plus solidement construites. Elles sont plus vieilles aussi, et toutes les plantes grimpantes semées au pied des murs, ont eu le temps de les draper dans leur verdure et leurs fleurs : rosiers, lierre, glycines, clématites. Leurs festons encadrent chaque ouverture de leur épaisseur vivante, et, jolies, les fenêtres s'ouvrent au milieu d'elles, comme des yeux entre des cils.

Bournville a été fondée par un grand fabricant de chocolat, M. Cadbury. L'idée directrice est la même que celle de M. Howard, lorsqu'il créa *Garden-City*. Nous retrouvons les mêmes préoccupations dans le tracé du plan général : limitation du nombre d'habitants, interdiction de vendre des alcools ou d'en fabriquer, cottages séparés, réserves de terrain pour les parcs et les pelouses de jeux. « Chaque bâtiment doit être entouré d'un terrain de quatre fois la dimension de celui sur lequel il est construit. Aucune maison ne doit avoir plus de deux étages. La largeur des routes est de treize mètres, celle des trottoirs de trois mètres, celle des jardins de devant de cinq mètres environ. » Ces petits jardins établis devant les maisons, ne sont séparés entre eux que par des grillages de un mètre de haut environ; disposition particulièrement heureuse, car, aux yeux, ils ne forment qu'un seul et même parterre planté d'arbres, égayé de fleurs.

A la disposition générale près, *Bournville* n'a plus rien de commun avec *Garden-City*, car ici nous nous trouvons en face d'un cas assez original et rare : une ville appartenant tout entière à un seul et même individu, tout entière dans sa main par le moyen d'un trust.

Voici comment les choses se sont passées.

En 1877, M. Cadbury transporta son usine de Birmingham à Bournville. Ce philanthrope commença de bâtir des maisons à bon marché pour ses ouvriers. Mais la spéculation entra bientôt en jeu; des maisons acquises, par les uns à bon marché, furent revendues cher à d'autres. Le but était manqué. M. Cadbury acheta d'autres terrains, fit construire d'autres maisons, au nombre de cent quarante trois, et les loua à long terme (999 ans), suivant un usage très répandu en Angleterre, en sorte que si le locataire devient, en fait, propriétaire de sa maison, il ne conserve que la jouissance du terrain pour lequel il doit payer une redevance annuelle. Ce procédé permet au propriétaire du terrain, ou *landlord*, d'imposer au propriétaire de la maison les servitudes qu'il juge convenables. Cependant M. Cadbury estima qu'il n'avait pas encore ses coudées assez franches, et il changea encore une fois de système. Il décida que toutes les nouvelles maisons seraient louées à la semaine. « Et pour perpétuer son œuvre après sa mort, en même temps que pour donner à Bournville son autonomie, il décida d'en remettre l'administration aux mains de commissaires spéciaux. Par un acte daté du 14 décembre 1900, il constitua le *Trust de Bournville Village.* » Par cet acte, il lui transmettait un terrain de cent quarante huit hectares, en partie construit, et représentant une valeur de quatre millions cinq cent mille francs. Transmission plus fictive que réelle, à la vérité, puisque les *trustees* sont M. Cadbury, sa femme et ses deux fils, et que les dispositions sont prises pour assurer le recrutement des trustees, à tout jamais, dans la famille Cadbury. Mais, par cette disposition, M. Cadbury peut garantir l'avenir de son œuvre. Il est sûr que les arrérages du capital de quatre millions cinq cent mille francs, calculés à trois pour cent, — environ cent cinquante mille francs, — ne seront employés qu'à la prospérité de sa fondation destinée à prendre ainsi une extension considérable.

Aujourd'hui, Bournville compte deux mille trois cents habitants, dont les deux cinquièmes sont représentés par les ouvriers de l'usine Cadbury, au nombre de mille cent hommes et de mille deux cents femmes. Les ouvriers sont libres de loger où ils veulent. Mais le voudraient-ils, que tous ne pourraient pas s'offrir un cottage à Bournville. Les meilleurs marchés sont en trop petit nombre. La plupart se louent, en moyenne, de huit à dix francs par semaine, c'est-à-dire dépassent un loyer annuel de quatre cents francs, trop lourd pour des journaliers dont le salaire se réduit souvent à trente et un francs par semaine, ou mille cinq cents francs par an.

Et c'est là l'un des points critiquables dans l'œuvre de M. Cadbury. Il est regrettable que tous ses ouvriers de bonne volonté, ne puissent entrer dans son jardin et se reposer sous ses arbres. Toutefois ce système de location, à la semaine surtout, offre des inconvénients qui nous choquent. Nous cherchons surtout, en France, à rendre l'ouvrier propriétaire, or, ici, nous le trouvons non seulement et systématiquement locataire, mais encore locataire à la semaine, c'est-à-dire au titre le plus précaire qui soit. S'il a une défaillance dans le paiement de son loyer, moins que cela, s'il contrevient à l'un quelconque des chapitres du règlement, de la *notice* qui lui est remise à son entrée en jouissance, s'il a pris licence, par exemple « de bâtir un poulailler ou autre baraque sans avoir fait approuver leurs plans », il recevra *an eight days Notice*, en bon français, commandement de vider les lieux dans les huit jours. Nous ne pouvons nous empêcher de voir là une sévérité excessive et regrettable, mais bien conforme au caractère britannique, juste, au besoin charitable, humain, généreux, mais intransigeant et de fer sur le chapitre de la discipline, sur l'observation du règlement, peu susceptible de faiblesse et d'attendrissement, pour soi et pour les autres. Un pareil système serait impraticable en France. Cette façon d'être « sous la coupe » du patron, comme diraient nos ouvriers, leur serait odieuse et insupportable, et ils ne le supporteraient pas. Si Bournville se trouvait de ce côté du détroit, il est hors de doute que ses maisons, que ses jolis cottages resteraient déserts. Plus pratique, plus soumis, l'ouvrier anglais, de son côté, s'accommode de ces exigences et de ces ingérences. Il a une excellente raison pour cela. Il y trouve son profit.

Nous avons eu le regret de ne pas être admis à pénétrer dans les usines de M. Cadbury. Si l'on en juge par le côté agréable, plaisant, de l'extérieur, l'intérieur des ateliers doit offrir toutes les conditions d'hygiène par l'éclairage, l'aération et la propreté, réalisées par M. Lever à Port-Sunlight. Les quelques services annexes que nous avons pu seulement visiter à Bournville, ont suffi pour nous édifier sur la façon dont M. Cadbury comprend son rôle. Il se considère plus que comme un chef d'usine et un directeur d'hommes, mais comme un éducateur de la jeunesse de citoyens, comme un réformateur de la race. Sans doute, dans son bon sens naturel, l'ouvrier de ce pays si sage, si posé, se rend compte du bien qui lui est fait, et il accepte la surveillance et les mercuriales du patron, comme d'un père qui aurait toute sa confiance. Voici une vaste piscine où, à tour de rôle, les employés des deux sexes viennent prendre des bains et s'exercer à la natation en été. Les jeunes filles la fréquentent une demi-heure chaque semaine, et ce temps est pris sur leur huit heures de travail. M. Cadbury estime que le temps pris pour la propreté n'est pas perdu. Il sait que tout se tient dans la nature humaine, et que l'homme, la femme, habitués à certains soins matériels, à ce respect de leur corps, sont moins exposés que d'autres à certaines déchéances morales.

De la piscine, pour nous rendre aux salles de gymnastique, nous passons devant les pelouses préparées pour les jeux, soignées, tondues, roulées, — le ciel se charge de l'arrosage — vertes à ravir, véritable tapis de haute lisse. M. Cadbury exige que les *girls* de quinze ans et les *boys* de seize ans, suivent des cours de gymnastique. Ces leçons sont payées par lui, et prises par les jeunes ouvriers et ouvrières pendant les heures de travail, comme les bains, et sans diminution de salaire. Comme nous arrivons, une vingtaine de jeunes filles se livrent à leurs ébats réglés et savants, sous la direction d'une maîtresse, dans un enclos en plein air, mais couvert et parqueté. Tenue de gymnaste tout à fait correcte : blouse noire serrée à la taille et s'arrêtant au genou, culotte noire fermée au jarret, bas noirs et sandales. Ces *girls* de fabrique ont tout à fait bon air dans ce costume simple et seyant à leurs formes graciles. Femmes ou hommes, la tenue de sport est le véritable costume des Anglais.

Les jeunes garçons s'exerçent, dans un vaste gymnase fermé, de la même manière que leurs camarades de l'autre sexe. Ils ont revêtu le jersey collant sans manches, et la culotte très large qui laisse la jambe nue et libre jusqu'au-dessus du genou. Ils font d'abord des exercices respiratoires très favorables au développement des poumons, et préventifs de la tuberculose. Ils accomplissent ensuite, avec un sérieux, une application et une précision admirables, des évolutions compliquées et ingénieuses, où des mouvements de souplesse se combinent avec des marches en file et en peloton, à rendre jaloux nos élèves de l'École de Joinville. Un piano accompagne tous ces mouvements, d'une mélodie appropriée, et donne la mesure.

La mesure ! Il semble que ce soit là la qualité, la vertu par excellence de ce peuple. Pas d'excès en rien. Point de ces emballements, de ces *furia frencese*, si belles à voir, mais qui coûtent si cher, pas de ces exercices de voltige audacieux qui arrachent les applaudissements, quand on ne se rompt pas le cou ou la colonne vertébrale, mais un entraînement suivi, méthodique, des hommes, des femmes, comme des chevaux de course, en vue d'un but nettement défini à atteindre, et qui est de faire rendre à l'homme ou à l'animal, tout en cultivant sa beauté, le maximum de sa puissance musculaire, de sa vitesse ou de son énergie, dans les courses et les luttes de l'hippodrome et de la vie. Entraînement pacifique, mais non pas sans noblesse, qui endurcit l'individu, trempe sa volonté et fait, à la fin, d'un peuple de marchands, le conquérant du monde et le pionnier du progrès.

Non pas que l'heure des fautes n'ait point sonné pour lui, et qu'il n'ait connu, comme les autres peuples, des moments de défaillance. M. Cadbury s'en explique très franchement dans le trop court entretien que nous eûmes ensemble.

« Entretien » n'est pas le mot exact, car M. Cadbury n'aime pas les paroles inutiles. Son aspect solennel de quaker, ne favorise pas beaucoup la conversation. Dans un long monologue qu'il prononce, en partie la tête dans ses mains, sans geste et recueilli, il dit ce qu'il veut dire; tout est réfléchi, pesé et substantiel. L'auditeur n'a plus qu'à en faire son profit. Nous aurions voulu pouvoir sténographier ses paroles, et surtout reproduire sa physionomie imposante et grave en les prononçant, son accent d'ardente conviction et de foi profonde.

« L'idée qui domine à Bournville, a-t-il répété à plusieurs reprises, pour bien montrer l'importance qu'il attachait à cette sorte de profession de foi, l'idée dominante, c'est que l'*homme vaut plus que l'argent*. En effet, la richesse mène les grands peuples à la décadence physique et à la décadence morale. La vie industrielle a déprimé à ce point la race en Angleterre, que lors de la terrible et injuste guerre entreprise par M. Chamberlain, il s'est trouvé que dans les grandes villes, comme à Birmingham, un homme sur dix seulement était capable de partir en Afrique, et que, malgré cette sélection, trente mille Boers ont tenu en échec deux cent mille soldats anglais. Ce n'est donc pas seulement un crime contre la beauté et contre la morale, que commettent les chefs d'industrie âpres au gain, intéressés à l'argent seul, et désintéressés de ceux qui l'apportent dans leur caisse, c'est un crime contre la race et contre la patrie. Grâce aux soins particuliers accordés aux jeunes gens, à Bournville, leur taille est notablement supérieure à celle constatée dans les écoles des autres villes, et ils mesurent trois pouces de plus en largeur de poitrine. Les tables de mortalité confirment encore davantage l'excellence de la vie normale, de travail sans excès, retrempé au milieu des forces et des beautés naturelles. Alors qu'à Birmingham cette mortalité atteint dix-huit pour mille, et qu'à Liverpool elle monte jusqu'à cinquante et soixante pour mille dans les quartiers ouvriers, elle n'arrive pas à plus de huit pour mille dans Bournville. Plus de la moitié des vies humaines sont donc préservées par ses jardins, son air, son soleil. Et si les hommes étaient plus prévoyants et plus instruits, même ceux qui se targuent de science, ils comprendraient mieux leurs intérêts. Ils se rendraient compte que l'homme n'est pas une machine au mouvement perpétuel, qu'un trop long travail use ses forces et son attention, et qu'il est avantageux de n'en pas abuser, par conséquent de ne pas prolonger, outre mesure, les heures de ce travail. Ils sentiraient que des hommes et des femmes placés dans des ateliers clairs, gais, aérés, sont mieux portants et font meilleure besogne, que des êtres étiolés entassés dans des locaux sombres, tristes, malsains et nauséabonds. »

Ainsi parla M. Cadbury.

Que l'on ne crie pas ici au paradoxe. L'application de ces principes donne de merveilleux résultats pratiques. La grande fortune de M. Cadbury, gagnée dans son industrie, en est la preuve. M. Lever, à Port-Sunlight, nous la donnera plus lumineuse encore, et péremptoire.

IV

Mais avant d'arriver à la ville qui porte le beau nom de « Soleil-Levant », nous ferons deux crochets en route. Nous parlerons, au moins brièvement, du *Cottage Homes, Shenley Fields*, et de la *Coopérative Wholesale*, de Manchester.

Deux institutions remarquables. Celle-ci qui achève l'explication de la vie à bon marché dans les Cités-Jardins, celle-là qui nous montre la vie et l'organisation supérieure d'une œuvre sociale modèle : un village d'enfants assistés.

Nous nous y rendons de Bournville, en une heure de voiture, à travers la campagne verte et humide, qu'un soleil rare et sans force ne sèche jamais. La matinée de juin est claire et embaumée de tous les buissons fleuris, mais un léger voile de gaze enveloppe toujours les épaules frissonnantes de cette nature vaporeuse, dont les sourires sont toujours près des larmes.

Le village des enfants assistés se compose

de onze pavillons d'habitation, sans compter les dépendances. Entre chaque pavillon, des jardins, des massifs, des fleurs, par conséquent du jour, de l'air, de la gaîté. L'Anglais n'a pas, comme nous, l'amour et le culte de la caserne, de la prison. Quoique nous bâtissions pour une collectivité, la première chose à laquelle nous pensions, c'est à élever de hautes murailles, à mettre des serrures et des verrous aux portes, à grillager les fenêtres, à dépolir les carreaux. Nos collèges et lycées sont le plus lamentable et le plus hideux exemple de cette manie qui n'est pas inoffensive. Il nous semble que les enfants ne sont jamais assez protégés contre eux-mêmes, que l'on ne met jamais assez épaisse autour d'eux, la feuille d'ouate qui doit les protéger contre le monde extérieur, et en même temps le leur cacher, le leur défigurer, les en séparer. Ici l'on reçoit les enfants à partir de trois ans, et on les garde jusqu'à seize ans ; et cependant je n'ai pas remarqué qu'il y eût nulle part un mur, une porte ou un simple grillage de séparation. Chaque pavillon s'ouvre sur le morceau de jardin qui l'entoure, et ce jardin sur la campagne. Nous ne trouvons pas davantage d'administration savante, compliquée et coûteuse. Sans doute, il y a une direction centrale, mais chaque maison a son autonomie, ses services particuliers, ses dortoirs, sa cuisine, son chef de maison, homme ou femme, quelquefois un ménage. L'on ne compte pas plus de vingt-quatre enfants par maison. Le directeur, la directrice de cette « unité », peut donc connaître ces enfants individuellement, avoir une influence sur eux, les diriger et les aimer, et ces malheureux orphelins envoyés par l'administration départementale, sentent moins leur abandon dans ce milieu presque familial. Les classes seules sont communes dans un bâtiment séparé.

Nous relevons, en passant, ce moyen ingénieux d'apprendre à écrire, sans ennui aux petits enfants. On place devant eux une boîte remplie de boules en verre de couleur. Ils les enfilent et s'efforcent de reproduire, avec ces cordons, les dessins formant des lettres qu'on inscrit au tableau noir. C'est pour eux un jeu amusant.

De ces enfants, garçons et filles, l'on fait des citoyens utiles. Tout est bien combiné pour le but à atteindre. Jusqu'à quatorze ans, on leur impose cinq heures et demie d'école, et trois heures d'atelier par jour. A partir de cet âge, on les consacre tout entier à la profession qu'ils ont apprise : tailleur, cordonnier, menuisier, etc. Ils travaillent au profit de la communauté, mais la maison n'en retire aucun gain d'argent, en sorte que l'on n'est pas tenté d'abuser de leurs forces. Les grands travaillent pour les petits, ils confectionnent leurs vêtements, leurs chaussures, etc. En même temps qu'ils apprennent leur métier, ils fabriquent tout ce qu'il faut pour le village. Les jeunes filles s'exercent à la couture, à la cuisine; elles font tout le ménage de la maison. En sorte que si, comme nous l'avons vu, le système séparatif évite bien des frais d'administration, il n'y a, d'autre part, aucune dépense de domesticité, et l'entretien de tout ce petit monde se réduit à l'acquisition des matières premières et de nourriture. On calcule que, de la sorte, la pension de chaque enfant revient à huit francs par semaine environ, soit un peu plus de un franc par jour. Peut-on faire plus de bien pour moins d'argent? Non, sans doute. A leur sortie, ces enfants ne sont pas perdus de vue. Jusqu'à leur vingtième année, les maîtres et le directeur les visitent ou correspondent avec eux, et ils comptent que deux ou trois pour cent seulement, de leurs anciens pupilles, ne deviennent pas d'excellents sujets.

Ajoutons qu'une quinzaine de maisons semblables existent en Angleterre, et que leur nombre tend à augmenter tous les jours. Remarque intéressante, car elle accuse une tendance particulière de l'esprit pratique des Anglo-Saxons. Comme l'observe très bien M. Schiavi, le directeur du Bureau du Travail de la *Società Umanitaria* de Milan, qui nous accompagne, « un des traits distinctifs des richards de nos pays latins, est que leur bienfaisance est posthume, et se manifeste presque uniquement à l'occasion des maux les plus rebutants et les plus incurables... La pitié latine, en Italie, en France ou en Espagne, est dévolue au détritus social. C'est au contraire à la « vie intense » que, guidé par la raison, et non par le sentiment, va le culte des Anglo-Saxons en veine de générosité... *Ils donnent pour perfectionner et accroître les forces nationales*, pour fournir aux jeunes, bibliothèques, écoles, collèges, toutes les armes propres à assurer la victoire dans le combat de la vie. Leur intervention tend à supprimer, ou tout au moins à diminuer, la phalange des avortons faibles et incapables que notre sénilité opulente entoure de ses soins (1). »

Ne devrions-nous pas suivre un si bon exemple ? Cette « vie intense », ce grand combat des hommes, dans leur courte existence, pour se faire une place plus large et plus haute, et assurer au plus grand nombre possible les moyens d'y parvenir, n'est-elle pas un magnifique spectacle? Et si nous, Latins, peuple artiste, nous professons que la beauté réside dans l'interprétation, par les arts, de la nature et de la vie, pourquoi restons-nous si facilement indifférents devant la beauté de cette vie elle-même, et cette conquête de la nature? Ne serait-ce pas par un

(1) *Premier Congrès international pour la lutte contre le chômage, Milan, 2-3 Octobre 1906.* — Rapport de M. Schiavi.

singulier excès dans le raffinement des sens, voisin de la corruption et de la décadence?

La *Wholesale* de Manchester, est l'une des manifestations les plus grandioses des diverses organisations anglaises pour la vie économique du pays; celles-ci rendent d'inappréciables services, mais elles ne sont possibles que chez un peuple où l'esprit public est assez dégagé des vieilles routines et d'ignorants préjugés, assez déterminé vers les voies nouvelles du progrès, pour reconnaître ses intérêts véritables.

L'on n'a pas pu vaincre, en France, la prévention persistante des consommateurs contre les sociétés coopératives de consommation. Elles végètent ou disparaissent. En Angleterre, elles ont pris une extension tous les jours croissante. La *Coopérative Wholesale Society Limited*, de Manchester, centralise tous les services des mille cent trente-huit sociétés de consommation répandues dans le royaume de Grande-Bretagne. Nous nous sommes promenés plus d'une heure dans les vastes magasins généraux, grâce à la parfaite obligeance des directeurs de cette formidable administration. Nous sommes passés devant les kilomètres de rayons superposés où sont rangées, dans des cartons, soixante mille paires de chaussures, et dans les locaux à perte de vue, remplis des marchandises les plus diverses : meubles de toute nature, articles de confection et objets de consommation, depuis la literie, jusqu'aux savons et aux cigares, depuis les gilets de flanelle et les jupons, jusqu'aux jambons, aux marmelades, aux biscuits et aux *cakes*. Le monde entier est mis à contribution pour alimenter ces véritables halles. L'Amérique fournit pour plus d'un million de £ (25 millions de francs), de lard, de farine et de fromages; le Danemark, pour deux millions et demi de beurre et d'œufs. L'Australie envoie ses cuirs, la France ses fruits et son sucre, la Grèce ses raisins secs (1). Cela ne suffit pas, la Wholesale de Manchester possède des usines dans un grand nombre de villes en Angleterre. Après l'excellent déjeuner qui nous est offert, l'on nous conduit à la fabrique de biscuits installée à Manchester même. Nous demandons quelques détails à propos d'une machine que nous voyons fonctionner; elle emploie quarante sacs de farine par jour, et produit quatre cents gâteaux à la minute, les mêmes, bien entendu; or, il se fabrique deux cent cinquante espèces de biscuits différents dans cette usine! La Coopérative centrale de Manchester possède cinq minoteries, à Dunston, à Richdale, etc. A Broughton, elle fabrique ses vêtements, ses chemises, ses corsets : trois mille six cents par semaine; à Brislington, elle fait son beurre;

(1) *The « Wholesale » of to day*, Manchester, 1903.

à Silvertown, elle manipule ses épices; à Tralee, elle prépare son *bacon*; à Middleton, ses pickles et ses conserves; à Irlam, elle fait ses savons, à Sydney, son fil; ses chaussures, à Enderby, à Rushden, etc. Ses dépôts sont partout. Deux paquebots, le *New Pioneer* et le *Fraternity* lui apportent constamment les produits du nouveau monde. Dans ses deux factoreries de thé de Ceylan, elle emploie près de quinze mille coolies. Mais aussi les sociétés coopératives qu'elle fournit sont au nombre de mille cent trente-huit, et les membres qu'elle alimente dépassent le million et demi (1.635.527). Son chiffre d'affaires, au 31 décembre 1905, était de £ 20.785.469, soit plus de *cent millions* de francs, et tous les jours les sociétés se multiplient, les consommateurs augmentent. Si l'on veut se rendre compte dans quelles proportions, et avec quelle rapidité, l'on n'a qu'à considérer le tableau comparatif établi par la Wholesale de Manchester elle-même. Fondée en 1864, elle met trente-deux ans pour atteindre une vente de dix millions de £, en 1895; et, de 1895 à 1905, en dix ans, elle double son chiffre.

Malgré l'excellence de l'institution, cette progression constante ne s'opère pas toute seule, et la C. W. S. veille avec soin à la propagande de l'idée coopérative. Nous ne parlerons pas de l'hospitalité si généreuse et si courtoise qu'elle accorde aux étrangers, en les laissant entrer, pour s'instruire, dans tous les détails de son organisme, et assurer à sa cause des adeptes de tous pays; mais jusqu'en Amérique et dans les colonies, elle a su pénétrer dans les livres des écoliers. Et tandis qu'en France, on ne fait la revision de ces livres que pour y infuser la superstition de l'Etat, et proposer sa toute-puissance à l'adoration des fidèles, dans ces pays, « on y instruit les enfants des prodiges accomplis par la coopération, et la prospérité merveilleuse de la C. W. S. est constamment citée en exemple de ce que les classes populaires peuvent faire pour s'aider elles-mêmes (1). » Voilà comment on instruit la classe des travailleurs, comment on refait sa mentalité, l'on stimule son énergie, et, cela faisant, comment on fait un peuple fort, au lieu de l'énerver par la vision constante d'un État père nourricier, garde-malade et fossoyeur.

Si la gestion d'une maison comme la C. W. S. est une chose très compliquée, le principe sur lequel elle repose est fort simple et peut s'expliquer en quelques lignes. Tous les objets vendus par elle sont de premier choix; elle ne paie pas ses ouvriers au rabais, mais au tarif normal fixé par les trade-unions. Tout le bénéfice du consommateur repose donc sur la sup-

(1) *The « Wholesale » of to day*, petite brochure de propagande distribuée aux visiteurs.

pression de l'intermédiaire. La Société centrale de Manchester ne vend qu'aux Sociétés coopératives qui sont ses actionnaires. De ce fait, elle prélève 1 1/4 % de ses bénéfices pour ses réserves, ses amortissements, etc., le reste est employé au soutien d'œuvres sociales diverses. Tout le monde peut acheter aux mille cent trente-huit sociétés actionnaires de la C. W. S. Chaque acheteur devient lui-même actionnaire de la Société où il se fournit, moyennant un ticket qu'il paie un schelling. Les dividendes auxquels il a droit, calculés de 3 à 5 %, lui sont réservés à la fin de l'année, jusqu'à concurrence de vingt-cinq schellings, valeur de l'action. Au-delà de ce prix, l'acheteur est payé en argent s'il le préfère.

Tel est le système dans toute sa simplicité et sa grandeur.

V

L'ombre, c'est encore de la lumière, ont coutume de dire les peintres. Pour arriver à Port-Sunlight, il faut passer par Liverpool, la cité de la nuit, du surpeuplement, et de la plus angoissante tristesse. Des hommes de la police, prévenus de notre passage, nous accompagnent dans notre visite aux quartiers ouvriers qui sont aussi les quartiers pauvres. Dire qu'ils sont indescriptibles, serait oublier les nombreuses descriptions déjà faites; et nous nous affranchirons de cette pénible besogne, mais nous garderons longtemps le souvenir de cette course dans les rues étroites, enfoncées dans les hautes maisons de briques noircies, telles des figures de soldats ou d'insurgés après la bataille, l'image de cette misère surprise dans son repaire, comme des oiseaux de nuit, des figures hagardes de femmes, sortant par des soupiraux de cave, au bruit des étrangers qui passent, et de ces enfants à peine vêtus sous ce climat glacé, les pieds nus sur le pavé gluant; deux petits surtout, tout entiers vêtus de panne verte, habits coupés, sans doute, dans une ancienne livrée de gala, et qui jettent la note douloureusement comique de cette richesse habillant cette pauvreté.

Nous terminons notre journée dans le dédale des immenses docks, des bassins profonds où sont amassés les innombrables bateaux qui sillonnent le monde, battant fièrement pavillon britannique. Tout « terrien » que nous nous sentions, au tréfond de nous-même, et fortement attaché aux rivages de la patrie, nous comprenons, en cette minute de vision réelle, tout ce qui fait le caractère anglais. Envahi par une brume persistante et froide, en ce mois de juin, et devant les ailes ouvertes de ces oiseaux voyageurs, nous comprenons le besoin intense, irrésistible, de partir, de fuir sur d'autres eaux, vers d'autres cieux. Secouer ce manteau de deuil perpétuel, cette tristesse de son cœur, pour boire à son tour aux grandes sources de joie et de vie, à sa chaleur, à son soleil. Prolonger la grande famille anglaise par-delà les mers et les continents, de la Tamise au Gange, se répandre vers l'Orient, et mordre aux fruits vermeils; y marcher toujours vers les horizons bleus, s'enivrer de la beauté des nuits, de la splendeur des jours : Gibraltar, Malte, Le Caire, les Indes! Quel rêve pour les marchands des cités de Londres et de Birmingham, de Manchester et de Liverpool! Et quelle conquête pour un peuple, que la réalisation pleine de ce rêve audacieux, par la puissance de sa volonté et la persévérance de ses desseins!

C'est surtout des quais de Liverpool, le regard tourné vers l'océan, que l'on aperçoit le mieux la route suivie par la nation anglaise, et que l'on admire la destinée de ce pays orgueilleux et fort.

Port-Sunlight est sans doute la plus belle manifestation qui se puisse voir, de l'activité humaine et du génie de l'organisation. Port-Sunlight est une ville de trois mille habitants, sise non loin de Liverpool, mais de l'autre côté de la Mersey, dont l'embouchure mesure à cet endroit onze kilomètres de large; elle a été faite de toutes pièces par M. Lever, et comme elle est encore en entier dans ses mains puissantes, comme c'est lui, son argent, sa méthode, sa direction, son initiative et sa volonté, que l'on rencontre non seulement dans son usine gigantesque, mais jusque dans le plus petit rosier qui fleurit devant la porte des cottages ouvriers, c'est avec lui qu'il faut d'abord lier connaissance.

M. Lever était un épicier, n'en déplaise aux gens d'esprit. En 1885, il s'avisa de fabriquer du savon. Il fit construire un laboratoire pour la recherche des compositions chimiques et, ayant trouvé la formule, acheta pour l'exploiter une vieille savonnerie qui tombait en ruines. Voilà le point de départ. Aujourd'hui, il emploie quatre mille ouvriers, ses chaudières, ses cuves, ses magasins, ses bureaux, couvrent neuf hectares de terrain, et il administre une ville de cinq cents maisons, où loge son personnel dans les meilleures conditions d'hygiène et de confortable. Voilà le point d'arrivée en vingt ans.

M. Lever n'ouvre pas ses livres à tout venant, comme la C. W. S., mais on peut se faire une idée du nombre de savons fabriqués chez lui chaque jour, par deux chiffres notés au passage. Une machine, que nous avons vue fonctionner, fait quinze mille boîtes en une heure, deux autres impriment les prospectus dont on enveloppe les savons, et chacune roule dix-huit mille de ces papiers à l'heure.

Nous n'avons fait qu'entrevoir une minute M. Lever, dans son cabinet directorial. Aucun trait saillant ne révèle dans son visage rasé, ni dans ses yeux derrière le lorgnon, l'homme extraordinaire qu'il est. Dans son complet gris, mal coupé, il ressemble à n'importe lequel de ses employés. Mais dès les premiers pas, l'on remarque l'ingéniosité avec laquelle son cabinet a été disposé. Dans toutes les grandes administrations, la pièce où se tient M. le Directeur, est une sorte de chapelle mystérieuse et profonde, loin des regards et loin du bruit, enfoncée sous les tentures épaisses, jalousement dérobée à la curiosité des profanes. Le bureau de M. Lever est entièrement entouré de glaces, et placé au centre de deux grands halls où plus d'une centaine d'employés expédient la besogne administrative de la maison; de sorte qu'il n'a qu'à lever les yeux de sa table à écrire, pour voir tout ce qui se passe, et pas un employé ne peut lever les yeux de la sienne, sans qu'il s'en aperçoive à l'instant. C'est moins décoratif et moins impressionnant que les tabernacles susdits, mais beaucoup plus pratique.

Avons-nous besoin de faire remarquer, en outre, les avantages de cette organisation au point de vue hygiénique? L'on ne sait que trop ce que sont les « bureaux » la plupart du temps :

de petites cages étroites, surpeuplées, sombres, où le peu d'oxygène respirable est disputé entre les becs de gaz et les poitrines humaines. Ici le jour entre à flots, par le plafond et par les murs, et leur très grande hauteur assure une provision d'air considérable. Cette préoccupation de l'hygiène, de placer les ouvriers et les ouvrières que l'on emploie, dans les meilleures conditions à la fois de travail, de santé et de gaîté, s'aperçoit partout, dans tous les ateliers, dans tous les magasins; elle est paternelle et véritablement humaine et touchante. Lorsqu'on songe que tout ce personnel ne sort de ces *Works*, où il ne travaille que sept heures et demie, que pour rentrer dans un cottage entouré de fleurs, dans son *home* où l'attend la mère ou la femme, — car seules les jeunes filles sont admises à la fabrique, M. Lever estimant que les mères de famille doivent rester chez elles, — lorsqu'on voit une pareille harmonie régner dans ce monde du travail, où l'ouvrier travaille si peu et se porte si bien, où le patron réalise d'aussi beaux bénéfices, l'on est saisi d'admiration et de respect pour l'homme organisateur de cette victoire et de ce bonheur.

En parcourant les ateliers, regardant les jeunes filles qui manipulent les savons, les enveloppent, les mettent en boîte, etc., nous nous rappelions quelle déception fut la nôtre, dans la visite que nous fîmes naguère aux trop famouses cigarières de Séville. Pour quelques-unes, jolies et avenantes, combien de centaines étaient déjà flétries par la misère! Presque toutes à demi vêtues de haillons. Et les pauvres vieilles, ou paraissant déjà telles, offrant un sein tari à leur enfant traîné jusqu'à l'atelier, pour ne pas mourir de faim! Et l'odeur âcre dégagée par l'entassement de ces femmes malpropres! Rien n'est plus charmant, au contraire, que de contempler toutes ces *girls* appliquées à leur tâche. Voici vingt ans que Port-Sunlight a été fondée par M. Lever; les jeunes filles que nous voyons y sont donc nées pour la plupart; en tout cas, elles y ont passé la plus grande partie de leur jeunesse. Or il saute aux yeux que, physiquement, elles sont infiniment supérieures à la moyenne des filles de leur condition. Ce qui leur donne si bon air, ce n'est pas seulement le grand tablier bleu serré à la taille, et le béret léger de même couleur, posé sur leurs cheveux pour les protéger de la poussière, ce sont ces chevelures elles-mêmes, dont elles semblent coquettes, abondantes et bien peignées, quelques unes d'une remarquable couleur blonde, pleines de vie et de reflets; et c'est avec leur taille élevée, leur bonne mine, leur air de santé, leurs allures à la fois libres, mais honnêtes, de dames du monde.

Elles en ont d'ailleurs les habitudes élégantes, grâce à la munificence de M. Lever.

Une énorme piscine d'eau tiède, guère moins étendue que nos établissements de bains froids sur la Seine, est disposée pour leurs ablutions, moyennant un penny. Tout autour sont rangées de petites cabines pour se déshabiller. Elles trouvent un peu plus loin, à côté de leur vestiaire, des cabinets de toilette garnis de glaces, munis de peignes et de brosses. Enfin une petite boîte de pharmacie est préparée dans une salle de repos, où elles peuvent venir s'étendre lorsqu'elles sont indisposées.

Les hommes, les jeunes gens, ne sont pas moins bien traités. Ils partagent la piscine avec les femmes, ainsi que les salles de gymnastique, les exercices respiratoires en musique, et ces magnifiques réfectoires, où, pour la minime somme de vingt centimes, ils trouvent des portions de nourriture saine en viande et en légumes. Il est évident qu'avec de pareils soins, M. Lever, comme un éleveur sagace, a créé une race, un idéal de beauté, dont les modèles choisis se rencontrent dans les rues nombreuses de Port-Sunlight.

Ce n'est pas par hasard, ce n'est pas non plus par philanthropie. Certes, M. Lever aime la beauté. Son château rempli d'œuvres d'art d'un goût parfait, dont il a su si bien choisir le site et aménager les jardins, le prouve, et plus encore peut-être, les gravures suspendues aux murs des nouveaux réfectoires qu'il a fait bâtir pour ses ouvrières. Car ce dernier détail atteste la tournure naturelle de cet esprit distingué, vers la plasticité des formes, et sa conception particulière de la vie dans le monde, comme un phénomène esthétique. Et par là s'aperçoit nettement chez lui l'influence de Ruskin. Il a donc voulu créer de la beauté autour de lui, et il y a réussi par ses seules forces, par ses seules ressources, au-delà du vraisemblable. Mais il n'a rien fait non plus qui fût, qu'il estimât aller à l'encontre de ses intérêts. Ce qui peut paraître, à première vue, générosité pure et sacrifice de sa part, n'est qu'intérêt supérieur et mieux entendu. Ceci n'est pas pour diminuer l'œuvre admirable de ce grand créateur, bien au contraire, car son initiative ouvre de merveilleux horizons sur l'avenir.

Un sous-directeur de son usine, qu'il a délégué auprès de nous pour répondre à nos questions, nous explique sa pensée. Sans doute M. Lever s'impose des sacrifices dans le présent, mais il estime qu'il fait un placement de père de famille à longue échéance, en s'attachant des familles d'ouvriers, et en créant une race plus forte et plus intelligente pour le servir. Tout le monde trouvera son profit à ce nouvel état de chose, et tous les industriels, pense-t-il, en pourraient faire autant, si les hommes étaient plus cultivés. Et par culture il n'entend pas la science livresque et des formules mathématiques, dont il est lui-même assez ignorant, mais cette culture intensive de la pensée, des vérités supérieures et divines, qui vont au-delà des réalités immédiates des gains et des profits, et ne les rencontrent qu'à un moment de leur courbe, pour les entraîner plus haut et plus loin. Non pas au pays des chimères. Précieuse et essentielle leçon que nous devons retenir de notre visite à Port-Sunlight ! Il y est donc prouvé que bien compris, regardé de son point de vue le plus élevé, l'intérêt des patrons et des ouvriers ne se sépare pas dans le monde du travail, que ce n'est pas par la division et l'opposition de ces intérêts, que le sort des uns et des autres s'améliore, mais par leur rapprochement plus étroit, par une compréhension plus grande et plus vaste de part et d'autre, non seulement des lois économiques, mais du cœur humain et de la nature humaine.

Pas de philanthropie, pas de sensibilité intempestive ni d'humiliante charité, mais des hommes devant d'autres hommes, faisant leur devoir, tout leur devoir les uns envers les autres, sans arrière-pensée de tromperie ni de dol, une collaboration complète, honnête, absolue, et le respect de la dignité humaine : voilà l'idée qui doit présider aux rapports de patrons à ouvriers, et faire leur fortune. M. Lever s'en est expliqué lui-même, dans une conférence, de la façon simple et nette qui doit lui être familière, et fait sa supériorité en toute chose. « Je tiens à vous affirmer ceci, a-t-il dit : c'est qu'il serait tout à fait inexact de me comparer à un philanthrope. La philanthropie est un autre nom de la charité, et charité ne peut signifier que paupérisme. La question de l'habitation à bon marché n'a rien à faire avec la charité et le paupérisme ; il y a tellement de misérables, que la charité sera toujours impuissante à leur venir en aide. Le seul moyen de porter remède à nos maux sociaux, est de conduire sagement nos affaires pour le plus grand bien de tous. *Notre tâche est moins de secourir les malheureux, que de prévenir les malheurs.* A Port-Sunlight, il n'y a pas de philanthropie, car il n'y a pas place pour une chose semblable dans les affaires. Les relations entre employeurs et employés doivent être strictement une affaire commerciale ; les uns et les autres, patrons et ouvriers, se doivent d'exécuter le contrat, et de la manière la plus loyale. Partant de ce principe, j'ai estimé que si les directeurs éprouvaient le besoin — après leur journée de travail — de trouver en rentrant chez eux un home confortable et attrayant, les mêmes besoins devaient exister chez leurs collaborateurs. Il me semble que ceux qui ont contribué à la prospérité de notre maison, ont les mêmes droits que nous à vivre une vie agréable dans un milieu agréable.

« Je peux regarder en face un quelconque de mes ouvriers, et lui dire d'homme à homme : « Nous ne vous avons jamais pris sous notre patronage; nous n'avons jamais eu l'intention de le faire, et jamais nous ne chercherons à vous imposer notre direction », et un quelconque de mes ouvriers peut me regarder face à face et me dire : « Nous n'avons jamais retiré d'autres profits que ceux qui nous étaient dus pour les services que nous vous avons rendus, et c'est tout ce que nous demandons.

« Et s'il y a quelques-uns de vous qui pensent que l'on ne peut aider un « fellow » qu'en le plaçant sous la coupe du patronage ou de la philanthropie, celui-là se trompe grandement. Le plus fort lien qui puisse unir les différentes parties engagées dans le même travail, c'est, en effet, le commun intérêt que les uns et les autres prennent à la marche de l'affaire commune. C'est là l'origine des cordiales relations qui existent à Port-Sunlight entre employeurs et employés. Vous voyez, Messieurs, par ce que nous avons réalisé à Port-Sunlight, ce que pourront être les nouvelles Garden-Cities. A vous d'en hâter l'avènement en suivant la voie où nous vous avons précédés. »

Tel est l'homme qui a fondé Port-Sunlight. L'on suppose bien que chez lui, les paroles ne sont pas des phrases, mais des actes. La collaboration vantée par M. Lever, il ne l'entend pas seulement dans le sens du travail manuel particulier effectué par l'ouvrier, mais de son aide intelligente, de sa participation générale à la réussite de l'affaire. Nous en avons acquis curieusement la preuve, à propos d'une certaine boîte armée d'une manivelle, découverte dans un coin.

— Qu'est-ce que cela?

— La *boîte de suggestions*, nous fut-il répondu. Et l'on nous en donna l'explication.

Cette boîte est une machine à écrire mise à la disposition de tout le personnel de la maison. Quiconque a une observation à présenter, croit avoir ce que l'on appelle une « bonne idée » concernant son service, sa machine; quiconque entrevoit une amélioration possible de l'un des nombreux rouages dont il est l'un des propulseurs, peut écrire sa pensée. Ceci fait, il tourne la manivelle. La page écrite lui tombe dans la main, mais un autre exemplaire qui sera lu par M. Lever, reste dans la boîte. Point de fausse honte ni de crainte d'aucune sorte qui retienne le correspondant, puisqu'il ne signe pas. Si l'idée est bonne, il lui sera facile de prouver qu'il en est l'auteur, puisqu'il détient le double dans sa poche.

Simple et merveilleuse invention, singulièrement faite pour stimuler l'ardeur, éveiller l'intelligence, encourager l'initiative de chacun. Plus d'une fois, à Port-Sunlight, patron et ouvriers ont eu à se féliciter de ces communications qui se sont transformées en bénéfices appréciables pour chacun.

Nous n'insisterons pas davantage sur le charme et l'agrément qui se dégagent des belles avenues et des cottages de cette ville modèle, où rien ne décèle qu'elle puisse être une ville ouvrière. L'on a déjà vu la façon dont M. Lever concevait la question des logements à bon marché. Voici comment il a compris son devoir (1).

Il admet ses ouvriers à la participation aux bénéfices, mais sous forme d'indemnité de logement, et voici le discours que tient cet homme avisé et pratique : « Si j'avais voulu suivre le procédé ordinaire de répartition des bénéfices, j'aurais fait passer à la caisse, après inventaire, mes ouvriers et mes girls, et je leur aurais dit : Vous aller toucher deux cents francs, vous avez gagné cet argent, il vous appartient, prenez-le et faites en l'usage qu'il vous plaira. Dépensez-le dans les public houses, faites bombance à Christmas, faites de votre argent ce que vous voudrez.

« Je leur ai dit au contraire ceci : Deux cents francs représentent une somme bien vite dépensée, et vous ne serez guère avancés lorsqu'avec cet argent vous vous ingurgiterez, au

(1) Pour les détails de l'organisation financière et administrative, voyez le livre de M. G. Benoit-Lévy.

fond de vos taudis, des fioles de whisky, des cornets de sucreries et des oies grasses pour Christmas. Si vous me laissez cet argent, au contraire, je l'emploierai à vous procurer tout ce qui rend la vie agréable, c'est-à-dire de belles maisons, un home confortable et de saines récréations. »

Et les ouvriers de M. Lever lui ont laissé leur argent.

M. Lever ne s'est pas contenté de créer une ville pour laquelle le capital engagé est estimé *huit millions sept cent cinquante mille francs*, il l'administre lui-même. Non seulement il a acheté les terrains, établi le plan, percé les routes, construit les maisons, organisé le régime économique de la cité, au moyen d'associations, pour abaisser le coût de la vie, telles que : restaurants communs, magasins coopératifs, mais il a composé de toutes pièces les organes nécessaires aux manifestations de la vie sociale et religieuse, aux rapports sociaux; il a fondé des services de prévoyance et de développement physique, il a institué des fêtes publiques, des sociétés sportives, des sociétés de récréation intellectuelle. Les écoles ne laissent rien à désirer. L'église a coûté un million. Magnifique construction, d'un goût original, ses trois nefs aux arcs surbaissés sont du meilleur effet, comme l'abside en forme de window, fermée de vitraux. Le plafond, à caissons, repose sur des consoles; le chœur, entouré de stalles en bois sculpté, possède des orgues magnifiques ; elles ont coûté soixante-quinze mille francs. Le jeune maître de chapelle, assis au buffet, nous en fait valoir les belles sonorités avec un talent de musicien émérite.

Enfin, si l'on veut savoir jusqu'où peut aller l'activité et la puissance de travail d'un homme, nous ajouterons qu'à toutes ces fonctions, M. Lever ajoute celle de député !

Nous n'étonnerons personne en disant que le régime qui prévaut à Port-Sunlight, est celui de l'autocratie la plus absolue. Un homme comme M. Lever est fait pour le commandement, il ne saurait déléguer son autorité à personne, ni la laisser discuter ou contester par personne. *Sic volo, sic jubeo.* — Par là, nous touchons aux points faibles de cette institution d'ailleurs admirable. Port-Sunlight est une Cité-Jardin qui ne laisse rien à désirer sous le rapport de l'hygiène des maisons, de la beauté des jardins, de la vie économique et sociale, mais c'est une Cité-Jardin d'une nature spéciale, c'est une Cité-Jardin ouvrière. Seuls les ouvriers de M. Lever ont le droit d'y habiter, encore ce droit est-il précaire. Qui cesse d'appartenir aux « Works », cesse d'appartenir à la Cité, et par un congé d'un mois, tout ouvrier renvoyé de l'usine peut se voir privé de son cottage (1).

(1) Nous devons rappeler ici ce que nous avons déjà dit de ce

De plus, le locataire, dans son home, est obligé de se soumettre à certaines conditions un peu sévères, et qui ne laissent pas de porter quelque atteinte à sa liberté. Par exemple, l'article 8 du Règlement porte « qu'un agent de la Compagnie (lisez : M. Lever) peut, à toute heure, passer, pour s'assurer si rien ne laisse à désirer au point de vue de la propreté et de l'hygiène ».

Il est évident que jamais, en France, nos ouvriers n'accepteraient un pareil régime (1). Leurs camarades anglais savent s'y plier en considération des avantages énormes qu'ils y trouvent. Ont-ils tort?... Autre pays, autres mœurs.

Quoi qu'il en soit, il n'en reste pas moins que Port-Sunlight, ville du Soleil-Levant, paraît à nos yeux séduits comme la ville prophétique de l'avenir. Dans l'air et la lumière des

contrat léonin à propos de Bournville. Notre idéal français, en matière de logements ouvriers, est tout différent de la conception de MM. Cadbuy et Lever. En France, nous considérons la propriété, avec la stabilité qu'elle assure à la famille, comme le premier des biens, et tout le monde est d'accord pour faciliter par tous les moyens à l'ouvrier, l'acquisition de sa maison. Ces principes, d'ailleurs, ne sont pas méconnus en Angleterre, où les *Building societies* n'ont pas d'autre objet que de faciliter aux ouvriers l'acquisition de leur maison.

(1) Dans la réunion d'un *Congrès de la Société d'Economie sociale* (3-6 Juin 1907), M. Cheysson a vivement soutenu cette idée que le patron ne doit pas s'immiscer directement dans la vie privée de l'ouvrier, — principalement en ce qui concerne les rapports si compliqués et si épineux de propriétaire à locataire — et que c'est dans le sens d'une évolution vers la substitution du patronage libéral au patronage autoritaire, qu'il faut marcher, si on veut lui conserver ce qu'il a de bien, et éviter les inconvénients qu'on lui reproche si volontiers en France.

Cités-Jardins, nous apercevons plus qu'un résultat merveilleux acquis à l'heure présente par l'effort et l'intelligence d'hommes exceptionnels, mais comme l'aube éclatante d'une ère nouvelle. De même que la question de l'esclavage, dans le monde antique, s'est levée toute ruisselante du sang des chrétiens, nous avons vu, de nos jours, la question du devoir social se dresser devant nos yeux, toute pâle de la faim et des misères engendrées par le régime nouveau de l'industrie moderne. Cette question se pose avec angoisse devant nos consciences troublées. Garden-City, Bournville, Port-Sunlight, nous offrent une solution; elles nous ouvrent, vers un avenir meilleur, leurs chemins fleuris, nous serions coupables de ne pas les suivre. Par le fait de leur existence, de leur prospérité, elles prouvent que par des systèmes différents dans le même ordre d'idée, on peut permettre à tout homme, en ce monde, de vivre sa vie humaine, de prendre avec sa part de travail, sa part de joie, d'amour et de beauté! Il ne faut point pour cela que les uns se dépouillent au profit des autres. Seul suffit à cette tâche l'intérêt de chacun, bien entendu et bien compris.

LES
JARDINS OUVRIERS
EN FRANCE

15

BIBLIOGRAPHIE

Congrès international des Jardins Ouvriers (Paris, 24 et 25 Octobre 1903). Compte rendu rédigé par l'abbé Lemire. — *Paris, Bureaux de la Ligue du Coin de terre et du Foyer, 26, rue Lhomond, 1904, in-8°.*

Deuxième Congrès international des Jardins Ouvriers, tenu à Paris les 9, 10 et 11 Novembre 1906. Compte rendu rédigé par M. l'abbé Lemire, député. — *Paris, 1907, in-8°.*

Ces volumes contiennent en outre :

1° La liste des Œuvres de Jardins Ouvriers en France.

2° Des modèles de règlements pour Jardins Ouvriers.

3° Des modèles de Statuts pour Sociétés de Jardins; extraits de la loi de 1901 les concernant ; formalités de déclaration, etc.

4° Une bibliographie de la question, où tiennent la première place les ouvrages de M. Louis Rivière (et particulièrement ses deux volumes : *Les Jardins Ouvriers en France et à l'Étranger*, Paris, Roudelet et Cie, 1899, in-18, et *La Terre et l'Atelier, Jardins Ouvriers*, Paris, Lecoffre, 1904, in-12), les brochures et les articles de M. l'abbé Lemire et du Docteur Lancry, etc.

Le Coin de terre et le Foyer, revue mensuelle, fondée en 1897.

JARDINS OUVRIERS

SOMMAIRE : La famille et l'idée de patrie ébranlées. — Influence de la fortune mobilière et de la propriété foncière.

I. — Valeur sociale des *Jardins Ouvriers*. — Les fondateurs : Mme Hervieu et M. l'abbé Lemire. — Le R. P. Volpette. — Du jardin à la maison.

II. — *La Ligue française du Coin de terre et du Foyer*. — Extension prise par les *Jardins Ouvriers*. — Leur organisation. — Les *Congrès*.

III. — 1° Résultats matériels des *Jardins Ouvriers* : travail, économie ; 2° Résultats indirects et moraux : reconstitution de la famille ; rapports sociaux. — Un socialiste qui ne partage plus. — Dérivatif au cabaret et à la tuberculose. — Secours contre le chômage. — Remède contre le vagabondage : assistance par le travail.

IV. — Le *Bien de famille* insaisissable et le *Retour à la Terre*. — M. l'abbé Lemire et M. Méline.

La Terre qui meurt ! Le Retour à la terre. Nous lisons, sur des livres récents, ces titres qui retentissent comme des appels de désespoir ou d'impérieux avertissements. Sous la plume d'un romancier, d'un poète, M. Bazin, et d'un économiste, M. Méline, de deux hommes si loin l'un de l'autre par le cours ordinaire de leur pensée et de leurs travaux, ce rapprochement paraît significatif. Comme d'une onde électrique venue de deux pôles opposés, jaillit la lumière, ne semble-t-il pas que certaines rencontres imprévues donnent plus de force à certains courants d'idées, les portent plus loin dans la conscience du public indifférent, arrêtent celui-ci davantage et l'éclairent mieux ? Sans doute, il faut aussi que ces idées soient parvenues à un certain point de maturité, dans les milieux qu'elles veulent toucher, pour y trouver l'écho qui, en les répétant, les rendra plus sonores et les répandra. Nous paraissons avoir atteint ce terme en France.

Ce n'est pas impunément qu'un pays s'écarte de plus en plus, dans sa vie économique et domestique, des lois sociales fondamentales, et que chaque jour compte de nouvelles maisons paternelles abattues ou désertées, des familles dissoutes ou éparses toujours plus instables et plus nombreuses, en un mot, que des grains de sable inconsistants et légers, emportés et balayés par tous les vents, se substituent à la belle et forte pierre antique qui s'appelle le foyer. Cette pierre n'est pas seulement un symbole, elle est la base et la force de la famille qu'elle assemble autour de son feu, et le lien solide des vertus qui s'épurent à son contact et se fondent à sa chaleur. Lorsqu'elle vient à manquer, ce n'est pas une simple chose accessoire qui s'en va, c'est un ébranlement profond qui se produit dans la nation, qui secoue les assises mêmes de la société, et met son existence en péril. De tout temps, les hommes sages ont vanté la douceur du pays familier, le sentiment de sécurité, dans la vie humaine si courte et si fragile, les garanties de paix et de bonheur que donne l'abri du toit paternel à la femme, aux enfants, à la génération qui monte comme à la génération qui décline ; port d'attache qui n'empêche pas les voyages au long cours, la lutte âpre et saine contre les vents rebelles, tous les risques des entreprises courageuses et lointaines, salutaires aux énergies jeunes et mâles, mais sûre retraite où les affections durent, que le travail embellit, et que le repos savoure. C'est dans ce sentiment, que M. Taine écrivait déjà de Mont-Saint-Bernard, sa jolie campagne près du lac d'Annecy, à une amie (1): « Aujourd'hui, je fais ce que vous faites ; je voudrais fonder pour les miens un petit établissement local, une maison de famille, laisser ici le souvenir d'un homme utile et de bonne volonté ; j'espère que mes enfants resteront ici : nous y avons notre tombeau futur ; leurs grands-parents y reposent déjà ; je souhaite que mon fils aime la campagne et ne se condamne pas à cette vie de Parisien, de citadin, qui est celle des hôtels garnis. » L'hôtel garni ! M. Taine parle ici au figuré. Mais c'est bien cette vie, en réalité, que mènent, ou à peu près, la plupart des

(1) *H. Taine, sa vie et sa correspondance*, t. IV ; à Mme Ponsot, le 20 Novembre 1881.

travailleurs manuels. Et l'on conçoit, on commence à comprendre, tous les mauvais germes que cette vie peut semer au cœur de ceux qui la subissent, qui en sont la victime. Si la campagne antipatriotique, que des politiciens criminels ont entreprise, a trouvé si vite des adhérents nombreux, et s'il n'est pas douteux que nous assistions à la baisse marquée de ce sentiment, cependant primordial et naturel, dans bien des esprits, n'est-ce pas que précisément ces hommes sont privés depuis plusieurs générations de cette vie rationnelle, *naturelle*, propre à fortifier l'idée de propriété et l'idée de patrie ? Cet égoïsme monstrueux d'êtres humains qui entendent ne plus risquer leur vie pour une idée, un principe, un drapeau, cet égoïsme profond et insolent, n'en sommes-nous pas un peu la cause, et n'en portons-nous pas une part de responsabilité ? Qu'est-ce que la patrie, pour ces hommes ? Une entité métaphysique. Est-ce donc bien là de quoi exciter beaucoup l'imagination de cerveaux rudimentaires, encore durcis par un travail journalier exténuant; de quoi faire naître dans ces natures enfermées par le défaut d'intelligence, d'instruction, et les dures nécessités de leur vie, dans la matière, de quoi faire naître des sentiments élevés, épurés, de sacrifice et d'amour désintéressé?

Que l'on y réfléchisse ! Certes, nous ne voudrions pas ravaler l'idée de patrie à un bas instinct de possession et de propriété. Pourtant nous pouvons surprendre, jusque chez un Taine, la trace de certains rapports dans ce sentiment complexe. La conception de la patrie comme « terre de ses aïeux », est l'une des plus élevées que l'on puisse en avoir. « J'espère que mes enfants resteront ici : nous y avons notre tombeau futur ; leurs grands-parents y reposent déjà », dit Taine, et dans son cerveau de penseur se concrète déjà, lorsqu'il écrit cette phrase, l'image du tertre ombragé auprès de sa maison d'été, sur le coteau dominant le lac « bleu comme une pervenche » qu'il aimait. Que sera donc l'idée de patrie, pour l'homme qui ne possède au monde que le vêtement qu'il porte sur lui, sa bêche ou sa pioche, et, depuis son berceau, va sans arrêt et sans espoir, à la fosse commune, qui n'aura même pas à lui la terre de ses os, et les restes de ses morts ? La terre, la possession de la terre, a une vertu que rien ne saurait remplacer. Les détenteurs de grandes fortunes mobilières, qu'on n'en doute pas, sont moins fortement attachés, moins profondément enracinés au sol de la patrie, que les propriétaires fonciers.

Le Play avait déjà insisté, en son temps, sur cette différence, et elle était beaucoup moins marquée qu'aujourd'hui. C'est parmi les riches financiers, que se recrute de nos jours cette société cosmopolite autrefois inconnue, et d'une influence sociale désastreuse. Parlant toutes les langues, toujours à cheval sur les frontières des grands pays dont ils ont tous les vices, mais profitant de leurs ressources, jouissant des privilèges qu'ils confèrent, en éludant de leur mieux les charges qui en sont la contre-partie, ainsi que les devoirs des citoyens, les membres qui la composent versent, sans vergogne et sans scrupule, du côté de leurs plus grands intérêts et de leur plus grand avantage.

C'est le paysan, au contraire, que nous avons vu, dans l'histoire, se lever spontanément, sans appel, et marcher à l'ennemi avec sa faux et sa houe, car ce qu'il défendait ainsi, ce n'était ni un mot, si éloquent soit-il, ni un principe, ni un régime politique, et, en définitive, une abstraction, c'était la terre : et cette terre, non pas celle que nous entendons, une expression géographique, un point de la sphère, une page d'atlas coloriée en rose ou en bleu, mais la terre molle et grasse dans laquelle entre le soc de la charrue, le terreau de ses fermes, le sillon de ses champs, et toute cette vie de la campagne enfermée, depuis des générations, à l'ombre de ses pommiers ou de ses châtaigniers, entre ses vignes, dans ses herbages, sur le sol plat de son vallon ou les escarpements de ses montagnes.

I

Ces vérités très simples, ces principes élémentaires d'ordre social, commencent à se faire jour et à se répandre en France. En outre, dans toutes les classes de la société, une lassitude se fait sentir de la vie urbaine, de la vie artificielle, surmenée; et les médecins ont compris que c'était par le retour à la nature, à l'air et au soleil, à l'isolement, à la « cure de repos, d'altitude », que se guériraient les maladies nouvelles contractées à tous les contacts malsains, à tous les besoins factices. Le « Jardin Ouvrier » a été créé pour celui qui ne peut pas se reposer, et qui participe, par la force des choses, à la vie urbaine et des grands centres industriels, où soufflent les machines et tournent les roues de supplice. Il se propose d'abord de mettre à la portée du pauvre, sous sa main, tout près, sans dépense, et même avec profit, ce que les riches vont chercher à grands frais dans leurs maisons de campagne, ou plus loin encore. Les grands avantages qu'en retirent, ainsi que nous le verrons, non seulement ceux qui en sont les bénéficiaires directs, mais, par surcroît et par influence, la société tout entière, font de cette institution une Œuvre sociale de premier ordre.

Comme la plupart de ses émules, elle ne s'est

organisée et développée que de notre temps; mais l'idée était ancienne; il fallait qu'un homme et une femme, dont les noms sont inséparables de la question des jardins ouvriers, M. l'abbé Lemire et Mme Hervieu, se rencontrassent, pour faire sortir du germe primitif tout le suc qu'il renfermait.

L'idée était ancienne. M. Rivière, en étudiant la « terre et l'artisan sous l'ancien régime », dans son livre sur les *Jardins Ouvriers* (1), a fait ressortir que, dès le douzième siècle, l'on peut constater « la tendance générale, à cette époque, d'attacher un morceau de terre à toute habitation, quelle qu'en fût l'importance ». Déjà, alors, l'on retrouve « les moyens que la sagesse de nos pères avait su demander à la terre, de pratiquer la loi de charité ». C'est ainsi que l'on rencontre, dans l'ancien Poitou, l'usage fort ancien des « sillons du pauvre », actuellement encore en vigueur, aussi bien en Vendée que dans la Vienne. Nous ne suivrons pas davantage M. Rivière dans ses intéressants aperçus historiques. Nous ne retiendrons que ce qu'il dit des efforts, ou plutôt des tentatives faites, plus près de nous, dans le même ordre d'idées.

(1) Louis RIVIÈRE. — *La Terre et l'Atelier, Jardins Ouvriers.* — M. Rivière est le vice-président de la *Ligue du Coin de terre et du Foyer*; il a pris une part active à son organisation. Très versé dans tous les problèmes d'économie sociale, son livre est un véritable manuel de l'Œuvre des Jardins Ouvriers; il nous a particulièrement servi.

En 1848, pendant la crise révolutionnaire, certaines municipalités avaient pris l'initiative de concéder des terrains aux ouvriers sans travail. En 1855, dans la Somme, le bureau de bienfaisance de Morcourt, créé par le curé de la paroisse, a l'idée de louer aux enchères des terrains communaux pour y cultiver de petits jardins. En 1885, des jardins collectifs sont créés par quelques familles de la Croix-Rousse, aux environs de Lyon ; mais il appert que le jeu de boules et le vin frais, composaient leur principale attraction. Cependant en 1872, à Beauvais, en 1879, à Soissons, le mouvement que M. Rivière détermine très heureusement par le mot « sporadique », se dessine. C'est surtout dans les Ardennes qu'il pénètre à la faveur d'une conférence de Saint-Vincent-de-Paul établie à Beaumont. Celle-ci reprit une ancienne coutume de la commune où l'on concédait encore, au milieu du siècle dernier, environ 50 *verges* (1) de terre à chaque famille, sous le nom d'« aisances communales ». Des conférences du même ordre gratifièrent différentes localités d'une assistance analogue par le don de semences, d'outils aratoires, aux bénéficiaires des terrains concédés. Mais ces œuvres de bienfaisance fonctionnaient peu nombreuses, étroitement et ignorées. En les

(1) La *verge* représentait environ 43 mètres carrés (RIVIÈRE).

organisant quelque douze années plus tard, sous forme de mutualité, à Sedan, Mme Hervieu leur donna un essor définitif, et les éleva à la hauteur d'une œuvre de relèvement social.

Mme Hervieu sut tirer d'une remarque intéressante que l'administration elle-même avait faite, toute la leçon qu'elle comportait. Les grèves, si fréquentes partout ailleurs, épargnaient le plus souvent la région de Sedan. Les industriels ainsi favorisés, n'hésitaient pas à reconnaître la cause de leur bonne fortune. Elle était due, en partie, à certaine coutume de leurs ouvriers : ceux-ci se livraient à quelques travaux agricoles en même temps qu'à leur travail d'usine. Patronne elle-même d'une fabrique de draps, et connaissant bien les ouvriers, Mme Hervieu comprit toute l'importance de cette observation, de cette « répercussion », comme se serait plu à dire le regretté directeur de la *Science sociale*, M. Demolins. Dès lors, elle résolut de s'employer à la formation systématique et au développement rationnel de ce qui n'existait encore qu'à l'état embryonnaire et inorganique. Nous ne referons pas, après M. L. Rivière, et le docteur Lancry, l'historique bien connu de l'Œuvre de Sedan(1), nous venons de la résumer d'un mot, en disant

(1) Voy. Louis RIVIÈRE, *op. cit.* ; *La Réforme sociale*, Bulletin de 1889-90, et *Une visite aux Jardins Ouvriers de Sedan*, par M. le Dr LANCRY (*La Démocratie chrétienne*, Octobre 1897).

quelle femme d'exception l'idée féconde du rattachement de l'ouvrier à la terre, avait rencontrée, à la fois pour la réaliser et la propager. Car non seulement Mme Hervieu fit de Sedan le berceau du « Jardin Ouvrier », mais par ses conférences, ses articles de journaux, et une propagande personnelle active, elle mit en circulation l'idée, par son insistance sur ce point capital, que l'Œuvre ne consistait pas dans une aumône faite à des pauvres, aumône humiliante pour ceux qui la reçoivent, et mal placée pour ceux qu'elle n'humilie plus, mais qu'il s'agissait d'une *collaboration* entre la société et l'ouvrier, entre le patron et l'ouvrier, et que, par là, elle élevait le premier sans rabaisser le second, dans une aide amicale et un accord fraternel.

Ce fut en 1895 que tomba sous les yeux du R. P. Volpette, de la Compagnie de Jésus, une analyse donnée par le journal *Le Temps*, du premier rapport que publia Mme Hervieu sur son Œuvre. Le R. P. Volpette, qui dirigeait la petite conférence des élèves du collège Saint-Michel, à Saint-Etienne, conçut aussitôt le désir de doter cette ville d'une organisation analogue à celle de Sedan. Il y réussit très vite, et dans des conditions particulières qui méritent d'être relevées, parce qu'elles firent alors son originalité. Les premiers locataires de ces terrains pensèrent qu'une tonnelle, garnie de plantes ou de feuillages, ajouterait beaucoup d'agrément à la possession un peu nue d'un terrain potager, et ils la construisirent. De la tonnelle rustique à la cabane plus spacieuse, et d'un abri plus étanche, et de cette cabane à la maison solide en briques et en moellons, il n'y avait qu'un pas. Les étapes furent vite franchies, avec le concours empressé du R. P. Volpette qui n'hésita pas à s'improviser briquetier pour satisfaire ses clients ; et depuis lors le « Jardin Ouvrier », dans la pensée de ses organisateurs, fut non seulement le terrain qui peut donner des bénéfices par sa mise en culture, et qui concourt à la moralisation de l'ouvrier par le travail au grand air, mais encore le chemin attrayant par où l'appétit de la propriété, si naturel à l'homme, peut être conduit et satisfait. Le P. Volpette avait compris tout ce que ce désir de construire et d'habiter une maison à soi, décelait de sentiments familiaux et de vertus sociales bonnes à favoriser chez ceux qui les manifestaient. Il entrevit, par là, l'horizon nouveau qui s'ouvrait plus large sur les destinées de l'Œuvre, et telle est, en dernière analyse, le bienfait suprême du « Jardin Ouvrier », c'est qu'en cultivant son jardin, l'ouvrier cultive, sans qu'il s'en doute, ses instincts sociaux. L'homme qui bâtit escompte la durée de son œuvre ; l'homme qui possède, qui plante, qui récolte, et s'avise de l'agrément d'un berceau de feuillage ou d'une fleur sur sa tige, celui-là n'est plus en guerre avec la société. S'il rêve encore de l'améliorer, il ne veut plus la détruire, car son intérêt particulier se confond avec l'intérêt public, et se trouve lié aux lois économiques qui gouvernent et assurent la prospérité générale de son pays.

II

Personne n'est plus fortement convaincu de ces idées, que M. l'abbé Lemire. C'est son nom que nous rencontrons tout de suite après celui de Mme Hervieu ; ces deux apôtres étaient entrés en relation l'année 1893, à l'occasion de la profession de foi électorale où l'abbé Lemire avait fait la déclaration de principe qui le fit élire député : « Ce que je veux, disait-il, c'est, pour tout ouvrier, que la maison de famille et le jardin qu'il a acquis par son travail, soient insaisissables, exempts d'impôt et de droits de succession. »

La Ligue française du Coin de terre et du Foyer, fondée par M. l'abbé Lemire, autorisée par arrêté ministériel du 24 Juin 1897, et dont le siège est à Paris, 26, rue Lhomond, a donné une poussée vigoureuse à l'Œuvre des « Jardins Ouvriers ». La presse, dont on peut répéter ce qu'Ésope disait de la langue, « qu'elle est la meilleure et la pire des choses », voulut bien s'associer à ce mouvement, et, par l'organe de ses revues et de ses journaux aux innombrables voix, elle contribua beaucoup à sa rapide extension. La *Ligue*, d'ailleurs, s'adjoignit le concours d'un organe périodique pour porter en tous lieux la bonne parole. Son *Bulletin* mensuel n'a cessé de paraître tous les mois, depuis sa fondation, avec le titre de la Ligue : *Le Coin de terre et le Foyer*. Grâce à l'activité de son fondateur et de son vice-président, M. Louis Rivière, la *Ligue* fut bientôt partout connue, et les jardins ouvriers récoltèrent le bénéfice de cette réputation. Ils se multiplièrent sur tous les points de la France. Dès l'année 1898, un Congrès se réunit à Nancy, le premier, mais bientôt suivi d'autres, en 1900, pendant l'Exposition universelle. Ces réunions n'étaient que les prodrômes des grandes assises de 1903 et de 1906, les deux Congrès internationaux.

Le premier s'ouvrit en grande pompe le 27 Octobre, sous la présidence de M. l'abbé Lemire, devenu député du Nord. M. Brunetière avait accepté d'y prendre la parole, et sa chaude éloquence clôtura de la façon la plus heureuse les séances de travail, non seulement comme un encouragement, mais comme un couronnement. Ce n'est pas sans une fierté bien légitime, que M. Lemire et ses collaborateurs de la première heure, avaient pu présenter les statistiques constatant les pas de géants accomplis par leur Œuvre. « Une première enquête, dit M. Rivière, poursuivie au moment où se réunissait le Congrès de Nancy, avait révélé l'existence de 45 Œuvres de « Jardins Ouvriers », comptant ensemble environ 2.000 jardins. En Octobre 1903, nous constatons un total de 134 Œuvres possédant ensemble 6.592 jardins d'une contenance totale de 269 hectares, constituant alors le domaine de nos assistés par la terre. »

Mais ce qui suit, augmente encore l'intérêt des faits révélés par le rapporteur.

« Quant au nombre des personnes qui bénéficient du secours, il est considérable. En effet, toutes les Œuvres ont pour principe de donner la préférence aux familles nombreuses. Les pères de sept, huit, dix enfants, sont fréquemment mentionnés dans les rapports. En nous tenant à une moyenne de quatre enfants, soit six personnes avec le père et la mère, nous arrivons pour nos 6,592 jardins, à 40.000 personnes assistées (1). »

Ces chiffres suffisent à montrer la haute valeur sociale de cette institution si simple en

(1) Les résultats communiqués au Congrès de 1906 prouvèrent que le mouvement ne s'était pas ralenti : « 229 groupements possédaient 11.547 jardins avec une surface totale de 330 hectares ». A son Assemblée générale du 13 décembre 1908, la Société annonçait encore le succès des jardins ouvriers créés par elle dans la banlieue de Paris, et à Paris même, soit 17 groupes composés de 346 jardins nouveaux.

soi, bien que l'organisation des « Jardins Ouvriers », à l'origine surtout, ait présenté des difficultés assez sérieuses. Leurs groupes avaient connu les modes de formation les plus divers. « Beaucoup ont été fondés par une personne charitable qui en a pris la responsabilité et en assure le fonctionnement. Plus souvent, c'est un groupement de bonnes volontés qui s'est constitué ; parfois nous rencontrons des associations existant antérieurement, conférences de Saint-Vincent-de-Paul, sociétés de secours mutuels ; parfois, enfin, la puissance publique intervient par l'entremise de la municipalité ou du bureau de bienfaisance. » Or, lorsqu'une collectivité est en jeu, une association, l'on sait de quel œil jaloux et hostile notre administration la considère aussitôt. M. Rivière a passé en revue, dans son livre, les différents moyens de s'organiser que la loi tolère, ainsi que tous les détails relatifs à la réglementation intérieure des Œuvres de « Jardins Ouvriers ». L'on peut s'y reporter. Disons seulement que le Congrès de 1903 fut longtemps occupé par la question de savoir quelle forme légale il était préférable de donner aux groupements de jardins, pour les constituer. Il se prononça en faveur de l'association déclarée d'après la loi de 1901. Cependant la loi Siegfried, du 12 Avril 1906, en faisant bénéficier les jardins ouvriers des privilèges accordés aux habitations à bon marché, a facilité la tâche des fondateurs, et ouvert de nouvelles voies à leur initiative.

Ainsi que le fait remarquer M. Rivière, la multiplicité même des catégories et la diversité des fondations de groupes jardiniers, « montrent immédiatement la merveilleuse souplesse de cette institution charitable. En fait, au début, les groupes de culture ont été constitués par des catholiques, le plus souvent par des prêtres. Mais, depuis lors, des sociétés protestantes, des associations étrangères à toute idée religieuse, et même des syndicats à tendances collectivistes, ont appliqué le même principe. Les deux premières municipalités qui ont subventionné des « Jardins Ouvriers », étaient précisément des municipalités radicales ; il en est de même de celle de Reims, qui a fondé des jardins en Décembre 1900 ».

Si l'Œuvre des « Jardins Ouvriers » jouit de ce privilège rare de rallier à elle l'unanimité des suffrages, elle le doit, sans contredit, aux résultats acquis, excellents et incontestables. Le Congrès de 1903 eut le soin d'en présenter à ses membres le tableau, et, pour les mieux faire ressortir, il les classa en deux catégories : 1° Résultats matériels des « Jardins Ouvriers ». 2° Résultats indirects et moraux des « Jardins Ouvriers ».

Nous les examinerons chacune à leur tour.

III

Les résultats matériels des « Jardins Ouvriers », nous l'avons déjà donné à entendre, ne sont pas ceux qui doivent être pris le plus en considération. Ils méritent cependant qu'on s'y arrête. Il est difficile de les fixer par des chiffres. En matière de jardin et de culture surtout, se vérifie le proverbe « tant vaut l'homme, tant vaut la chose », c'est-à-dire la terre. Suivant sa science, son adresse et son travail, celui-ci peut retirer du même enclos le double de tel autre. Et puis ici, les profits du jardin doivent moins se calculer par le prix de vente de ses produits, que sur les avantages qu'il procure par la consommation d'aliments frais et sains. Les légumes, les fruits de son jardin ! Les riches eux-mêmes ne connaissent pas de plus grand plaisir que de les présenter sur leur table. « Dans quelques régions, comme à Tours, on a pu ajouter aux légumes la culture accessoire des arbres fruitiers. Les fruits sont encore fort goûtés, par les détenteurs de jardins, mais les fleurs dépassent la mesure, et leur caractère évident de luxe et de superfluité, choque parfois ces modestes travailleurs. « La plus belle fleur, Monsieur, disait l'un d'eux, c'est une belle légume. »

L'on doit distinguer encore les cas où les

tenanciers de jardins ont obtenu leur concession à titre gratuit, ou moyennant une redevance, car les deux systèmes sont employés, et ajoutons qu'ils ne sont pas indifférents. Les intéressés eux-mêmes sont loin de les confondre, et avec un amour-propre dont il ne faut pas les blâmer, ils maintiennent une distance fort respectueuse entre les camarades des deux catégories. A l'inauguration des « Jardins Ouvriers » de Versailles, véritable fête de famille populaire, où nous avions l'honneur d'être convié un dimanche brumeux d'automne (Novembre 1907), M. Picot nous racontait la fierté de ses locataires dans la banlieue parisienne, à Saint-Ouen. Ceux qui payent leur terrain, tiennent à ne pas être confondus avec les « gratuits », à tel point qu'ils exigent une porte spéciale pour fermer leur enclos et les distinguer des misérables. On voit, par ce détail, combien un commencement, un semblant de propriété, une simple jouissance de terrain, développe rapidement dans le peuple, les sentiments de l'honneur et de la dignité personnelle. Aussi faut-il noter les louables tendances de la plupart des Œuvres à s'affranchir le plus possible des apparences de la charité, en louant les parcelles à prix d'argent. Quoi qu'il en soit, voici le résultat des évaluations faites par M. Rivière pour arriver à l'estimation des rendements : « Autant qu'on en peut juger d'après les chiffres nombreux que nous avons dépouillés, dit-il, nous évaluons la moyenne du produit brut, de 15 à 20 francs l'are, soit 60 à 80 francs pour un jardin de quatre ares. »

Les résultats moraux et indirects du « Jardin Ouvrier » sont infinis. Nous avons déjà indiqué les plus généraux, mais l'on en compte beaucoup d'autres plus immédiats, et d'un non moindre intérêt.

D'abord le jardin tend à reconstituer la famille. A quelque classe de la société qu'ils appartiennent, rien n'amuse plus les enfants que les travaux du jardinage. Qui de nous ne se rappelle encore sa joie, lorsqu'il reçut en cadeau son premier arrosoir, charmant joujou peint en vert, avec une pomme ronde qui répandait par ses trous une si jolie gerbe d'eau blanche, colorée à tous les rayons du soleil ! Et le plaisir de se mouiller les pieds, les mains, son pantalon ! A défaut d'eau propre, ne voyons-nous pas encore les enfants du peuple jouer dans le ruisseau ? Retirer l'enfant de la rue et appliquer ses tendances naturelles à une Œuvre salutaire, voilà déjà un excellent profit. Mais ce n'est pas tout. L'enfant ne se rendra pas seul au jardin, il ira avec son père ou avec sa mère. Contraint, désœuvré et ennuyé chez lui, l'enfant insupportable et grondé à la maison, souvent maltraité, brutalisé, sera distrait, amusé, au jardin. Il se rendra utile avec plaisir et entrain. Ses rapports avec ses parents en seront tout changés. Ce travail en commun n'est-il pas, en somme, toute la vie de la famille, de la famille naturelle, normale, patriarcale, et ramenée à sa source primitive ? Et peut-il rien se concevoir de meilleur, pour la fortifier ou la rétablir, que de l'y replonger ?

Mais ce père lui-même, que nous supposons au travail avec ses enfants, que fait-il donc de ses loisirs, au sortir de l'usine ou de l'atelier, avant que le jardin ne l'attire et ne le retienne ? On le sait bien. Quatre-vingt-dix fois sur cent, il est au cabaret, où il boit, où il s'alcoolise, où il s'abrutit, où il ruine sa bourse en même temps que sa santé. Nous relevons sur ce point le témoignage des intéressés eux-mêmes : « Oui, disait un père de quatre enfants, tenancier d'un jardin à Sceaux — ici je gagne deux fois mon loyer : une fois avec le produit de la culture, une autre fois avec les économies que je fais depuis que je ne vais plus au cabaret. » A ce témoignage s'ajoute celui des femmes : « Le plus grand profit de notre jardin — dit une mère de famille de Reims — ne consiste pas tant dans les légumes que nous avons mangés, que dans les petits verres que mon mari n'a pas bus »... Un autre ouvrier disait un jour à un visiteur : « Vous ne soupçonnez pas le mal que nous ne faisons pas, pendant que nous travaillons au jardin.»

Du même coup, voilà autant de calamités conjurées. Car ceux qui connaissent l'ouvrier et ses vices, ne l'ignorent pas, ce n'est pas seulement la boisson que recherche l'homme, au cabaret, mais la société, un lieu de réunion agréable, où il fait bon et chaud, où l'on chante, où l'on se distrait, où l'on oublie ! Souvent il le recherche moins qu'il ne fuit son taudis de misère, avec les récriminations — trop justifiées — de sa femme, et l'incommodité d'enfants criards et turbulents (1).

La distraction, la société, il la trouve enfin dans son jardin, car il y rencontre ses voisins. Le dimanche on s'y réunit pour fumer et jouer aux boules, comme à Romans, et l'on peut y prendre son repas pendant la belle saison. Les femmes aussi se rapprochent davantage à la faveur du jardin, et nous ne résistons pas au plaisir de citer cette histoire touchante racontée par M. Paul Bonnaure, président de l'Œuvre lyonnaise. « Deux mères, dont les jardins sont voisins, mirent au monde chacune un enfant à quelques jours de distance. Par-dessus la petite barrière, on se montrait les enfants, on échangeait des nouvelles. Au bout de quelques semaines, l'une des deux femmes se trouvant

(1) Voy. sur l'alcoolisme, les révélations intéressantes de M. DEHERME, dans le *Péril de la Race*, p. 112 et suiv.

fatiguée, le médecin lui interdit de continuer à allaiter son enfant. La voisine se chargea bravement des deux nourrissons qu'elle éleva comme deux jumeaux. »

C'est ainsi que l'Œuvre des Jardins poursuit ses effets logiquement, et va de la reconstitution de la famille à la pratique des rapports sociaux les plus rares et les plus nobles.

Une autre anecdote, racontée par le R. P. Volpette, nous met en face de sentiments plus égoïstes, mais elle est la meilleure critique des principes communistes dont sont farcies tant de pauvres cervelles, et nous montre d'une façon humoristique et amusante les utopiques prétentions de leurs apôtres. Un compagnon de Saint-Etienne, socialiste et anticlérical, avait obtenu du Père jésuite la concession d'un terrain, avec la promesse qu'on ne le forcerait pas d'aller à la messe. Lorsqu'au bout de l'an il se trouva devant sa belle récolte de pommes de terre, le P. Volpette s'approcha de lui en se frottant les mains et l'interpelle.

— Hé bien, mon brave, voilà un beau tas de pommes de terre qui, jointes à celles de vos camarades, augmentera joliment la part de chacun.

— Ah ! çà, mon Père, riposte l'autre, vous moquez-vous de moi ? Vous croyez que j'ai trimé pendant six mois pour partager mes pommes de terre avec les autres ? Point du tout. J'entends les manger à moi seul, et gare à celui qui voudrait y toucher.

L'on ne saurait mieux dire.

Mais nous n'avons pas encore fini d'énumérer tous les bienfaits que répand autour de lui le jardin, comme l'air qu'on y respire et le soleil qui l'éclaire. Cet air, ce soleil, c'est la vie, c'est la santé pour tout le monde, et plus encore pour ceux dont les étroits logements, et les ateliers surpeuplés, en sont particulièrement dépourvus. Le bacille de Koch éprouve la plus grande répulsion pour la lumière. Des expériences de laboratoire ont démontré que la clarté solaire directe le tue rapidement. Le jardin sera donc l'ennemi de l'un des plus grands fléaux qui s'abattent sur l'humanité : la tuberculose. Il la combat déjà indirectement en éloignant l'homme de l'alcoolisme, le principal agent tuberculeux chez l'ouvrier. Par l'exercice au grand jour et au grand air, il l'attaque de la façon directe, la plus efficace, en la prévenant. Le docteur Robin, le professeur bien connu de la Faculté de médecine, l'a dit expressément à l'une des séances du Congrès de 1903 : « En modifiant par la vie au grand air les tares héréditaires, en améliorant l'ordinaire des repas, en rendant la vie moins onéreuse, en créant un dérivatif au cabaret, vous faites un grand acte de préservation contre la plupart des maladies. Vous sauverez plus de vies que la science la plus profonde ne saurait le faire, puisqu'il apparaît plus facile de diminuer le nombre des maladies, que de s'attacher à la tâche toujours ardue, souvent illusoire, de les guérir. »

Le docteur Grancher, à qui l'on doit l'*Œuvre de préservation de l'Enfance contre la Tuberculose*, s'est montré encore plus explicite au Congrès de 1906, en rappelant « la méthode anglaise qui a réussi à diminuer de 50 % les cas de tuberculose dans le Royaume-Uni, sans s'occuper de la maladie elle-même, par l'amélioration des conditions générales de l'hygiène et de l'habitation ».

Ce n'est pas tout. Le jardin offre à l'ouvrier un secours très appréciable contre le chômage. Le chômage, on sait qu'il est sa terreur, que sa menace constante le fait vivre dans une perpétuelle insécurité du lendemain, insécurité croissante à laquelle l'exposent de plus en plus les soubresauts de la production intensive de notre époque agitée. Par ses ressources, le jardin permet à l'ouvrier de traverser une crise passagère sans trop souffrir. Le cas s'est déjà présenté à Reims ; et « dans les ports de mer, Dunkerque, Wissant, La Rochelle, les jardins ouvriers sont fort appréciés par les pêcheurs qui ne sortent souvent que deux ou trois jours par semaine ».

Enfin, comme si le jardin était une véritable

corne d'abondance, et faisait pousser l'orviétan, M. Méline, dans son livre, le *Retour à la Terre*, nous donne un aperçu original sur le nouveau remède qu'on pourrait en tirer : l'assistance par le travail. Parmi les causes nombreuses du délaissement de nos campagnes, il faut compter les déprédations que lui font subir une armée de 400.000 vagabonds « qui passent à certaines époques de l'année comme des armées de sauterelles, faisant main basse sur tout et semant la terreur sur leur passage... Pour lutter contre le vagabondage, dit M. Méline, il n'est pas de plus sûr moyen que de fixer le vagabond au sol par le lien solide de la propriété... Le pays qui a le mieux compris cette nécessité, et qui a trouvé les moyens d'application à la fois les plus ingénieux et les plus pratiques, est la Hollande, la terre classique de l'assistance par le travail, spécialement de l'assistance par le travail de la terre ». Cette organisation y existe depuis 1318, époque où le général van den Bosch eut l'idée de procurer du travail aux nombreux chômeurs qui s'adressaient à l'assistance. Très perfectionnée depuis lors, et consacrée par une loi de 1847, elle donne toute satisfaction aux Pays-Bas. Elle pourrait aussi bien réussir en France.

IV

Le peu que nous avons dit des « Jardins Ouvriers », montre assez tout ce que l'on est en droit d'attendre de cette idée féconde, et nous pouvons maintenant en apercevoir les influences multiples dans tous les problèmes qui touchent à la vie des peuples, à leur vie matérielle, économique, comme à leur vie privée, éducative, et même à leurs aspirations esthétiques.

Donc, directement et immédiatement, le jardin apporte de l'aisance dans la famille de l'ouvrier qui le cultive, et qui travaille en même temps à l'atelier. En temps de chômage ou de grève, il l'empêche de mourir de faim. Il donne ainsi une élasticité plus grande, et si nécessaire, à la tension habituelle des petits budgets réduits au strict nécessaire, non seulement par les fruits qu'il produit, mais par l'argent qu'il détourne du cabaret. Résultats infiniment précieux, et que surpassent pourtant les avantages d'ordre général et social : la famille reconstituée par le retour de son chef au milieu d'elle, par le travail accompli en commun, par un intérêt commun dans une même entreprise où mari, femme et enfants, réconciliés loin du taudis dans le libre espace des champs et de la nature reconquise, unissent leurs forces et resserrent leurs affections.

Pourtant ce n'est pas du petit coin de jardin tout seul, loué près des fortifications lépreuses d'une grande ville, ou non loin d'un faubourg industriel enfumé et surpeuplé, que les fondateurs des « Jardins Ouvriers » attendent de si grands bienfaits. Pour eux, le « Jardin Ouvrier » est un but, mais il est aussi un point de départ; il doit jouer dans la vie, dans l'esprit de l'homme qui l'occupe, un rôle d'entraînement vers un plus grand bien et de plus larges destinées : son affranchissement total et définitif du pire des esclavages, le paupérisme, la misère. Comment ? Par le retour à la vie normale et saine, à une vie véritablement humaine, libre et morale. Tel est le grand œuvre que se propose la *Ligue du Coin de terre et du Foyer* : « Étudier, propager toutes les mesures propres à établir la famille sur sa base naturelle qui est la possession de la terre et du foyer. » M. l'abbé Lemire est resté fidèle à la profession de foi qui le fit élire député en 1893, et il est permis d'espérer que cette persévérance, si rare dans la vie politique, trouvera sans trop tarder sa légitime récompense. Son idée du *Bien de famille* insaisissable, protégé par la loi contre toutes les bourrasques qui assaillent la vie des humbles plus fortement, plus durement que les autres, aux phases critiques de chômage, de maladies, de morts, de partages et de successions, cette idée humaine et juste, s'est frayée son chemin dans le dédale des voies parlementaires. Elle répond, en effet, à un besoin, à une nécessité de plus en plus urgente, et lumineuse aux yeux des plus aveugles, nécessité d'arrêter l'éparpillement indéfini des molécules qui ne donnent sa forme et sa force au corps social, que par leur union et leur cohésion.

Dans l'éloquent appel de son livre le *Retour à la Terre*, M. Méline jette un cri bien fait pour nous effrayer sur le délaissement des campagnes, et la fin prochaine d'une race agricole particulièrement intéressante en France : celle des petits journaliers propriétaires, c'est-à-dire de ceux qui trouvaient dans la location de leurs bras, un supplément nécessaire aux produits trop restreints de leur champ ou de leur jardin. Cette population agricole qui montait au chiffre de 1,134,000 en 1862, était descendue à 589,000 en 1892, c'est-à-dire qu'en trente ans elle a diminué de moitié. Or, l'on sait que rien n'est plus utile, pour les travaux de la campagne, que ces journaliers, auxiliaires précieux aux moments de presse, de la moisson par exemple. Leur aide est si bien indispensable, que ce sont aujourd'hui 45,000 Belges qui les remplacent sur le territoire national, sans compter les Suisses, les Allemands, les Italiens, etc. Pourquoi ces petits propriétaires ont-ils quitté leur « pays », venant accroître à la ville le nombre des « sans-travail » et des misérables ? Ce n'est pas toujours de leur bonne volonté, comme on le croit souvent, mais parce que, trop souvent, on les a arrachés de leur propriété, non pas à coups de fusils retentissants, mais par simple mesure fiscale, silencieusement, et par de tristes exploits d'huissiers. M. Méline nous en donne encore des preuves certaines. « Les ventes d'immeubles, sur saisie, s'élevaient seulement en 1865 à 5,538 ; en 1872, elles étaient déjà arrivées à 9,305 ; en 1896, il a été transcrit aux bureaux des hypothèques 20,390 procès-verbaux de saisie immobilière, c'est-à-dire le quadruple du chiffre observé en 1865. »

Ainsi, non seulement l'on n'a rien fait jusqu'ici, en France, pour rattacher au sol les populations déjà trop enclines à se porter vers les villes et à les encombrer, mais par une application rigoureuse et maladroite des lois anciennes, édictées en vue d'un régime social aboli, on a précipité la catastrophe. Ce petit propriétaire journalier, « plus que les autres il a subi les conséquences de la crise agricole qui a diminué son travail d'abord, et qui ne lui a plus permis de vendre à un taux rémunérateur le petit excédent de production qu'il ne consommait pas. Obligé de s'endetter, il a lutté tant qu'il a pu, mais il s'est lassé et a pris sa vie en dégoût quand il a vu le papier timbré pleuvoir chez lui; il a alors tout vendu, et il est parti pour la ville la mort dans l'âme, car il savait d'avance que bien souvent il n'y trouverait que la misère des sans-travail ».

C'est ainsi que finissent par aller les choses dans un Etat où l'esprit des pouvoirs publics est descendu à un niveau si bas, que non seulement il n'est plus capable de s'élever à des considérations d'ordre général, mais qu'il ne saisit même plus les raisons un peu lointaines de son intérêt matériel et présent. De même, des inondations de plus en plus fréquentes désolent périodiquement certaines parties de la France. Les Chambres attendries votent des millions pour secourir les infortunées victimes, mais elles refusent les crédits nécessaires au reboisement qui éviterait le retour du cataclysme dans ces contrées (1).

Voilà pourquoi les nègres abattent l'arbre pour en manger le fruit.

Ce sera donc un très grand honneur pour M. l'abbé Lemire et pour sa *Ligue* si, grâce à la campagne ardente qu'il a entreprise et poursuivie avec acharnement, il parvient à faire admettre dans nos lois et dans nos mœurs le principe du *Bien de famille*. Les pauvres gens devront plus à son action prudente et ferme, qu'à tous les discours ampoulés et ver-

(1) Séance du 10 Novembre 1907.

beux des grands pontifes du socialisme intégral. Cette réserve de la petite propriété, ce toit qui continuera d'abriter la famille en dépit de la fortune contraire, la soustraira à la misère, la garantira de la dissolution, et épargnera la charge coûteuse à l'Etat, de secourir ses membres ruinés par lui, en les gratifiant de sa détestable Assistance publique. Ce suprême asile est déjà connu en Amérique sous le nom de « homestead ». Sous différentes formes, on le retrouve en Angleterre, en Allemagne, dans les Etats scandinaves. Notre pays démocratique se trouve donc en retard, pour une mesure essentiellement populaire, sur des pays monarchiques et autocratiques. Le projet de loi déposé par notre dernier Ministre de l'Agriculture, M. Ruau, solutionnera-t-il cette importante question ? Il est, paraît-il, sérieusement étudié, et l'opinion publique lui sera favorable (1).

(1) Depuis que ces lignes sont écrites, est intervenue la très bienfaisante *loi du 10 avril 1908*. Par des procédés analogues à ceux qu'emploie la loi Siegfried concernant les « logements à bon marché », elle donne aux petites bourses de grandes facilités pour l'achat de terrains ne dépassant pas un hectare. Le vœu de M. l'abbé Lemire se trouve donc, en partie, réalisé. — Voy. l'article de M. Ribot dans la *Réforme Sociale* du 1er Janvier 1909.

SOCIÉTÉS DIVERSES

CHAPITRE I

SOCIÉTÉ POUR LA PROTECTION DES PAYSAGES DE FRANCE

SOMMAIRE : La profanation des paysages. — L'organisation de la lutte. — Jean Lahor et sa *Société*. — M. André Hallays et le *Journal des Débats*. — La beauté de Paris et la *Gazette de Francfort* ; une sévère leçon. — M. Beauquier et la réglementation de l'affichage. — Méfions-nous de l'État et de l'Administration.

Si nous cherchons à créer de la beauté là où elle n'existe pas naturellement : dans les logements, dans les maisons qu'habitent les hommes, dans les mille objets qui leur sont d'un usage journalier, dans les vêtements dont ils se couvrent, comme dans les bijoux luxueux dont ils se parent ; si nous nous préoccupons de perfectionner la race humaine elle-même, susceptible, comme celle des différents animaux, de s'enlaidir, de s'épaissir, de diminuer, de s'atrophier, de dégénérer, ou au contraire de s'élancer, de s'affiner, de se fortifier, et de s'épanouir dans la majesté, la vigueur des lignes qui constituent la beauté virile, ou la grâce infinie des formes féminines, à plus forte raison devons-nous jalousement garder, honorer, conserver les beautés naturelles. Ce sont celles-là qui disposent toutes leurs séductions, éternelles et spontanées, autour des choses sorties, pour un temps, des mains mortelles hésitantes et passagères. Que seraient et que représenteraient les chefs-d'œuvre les plus parfaits, les plus admirables productions artistiques du génie humain, sans la lumière pour les éclairer, et l'air pour les baigner (1) ? N'est-ce pas en dehors d'eux, et par ce qu'ils empruntent au milieu où ils sont érigés, placés, orientés, qu'ils produisent leur plus grand effet, et sont animés de leur plus grande expression ? Les plus humbles objets, les plus modestes édifices, un burnous arabe, le dôme arrondi d'une koubba coiffant de sa calotte en plâtre le tombeau d'un marabout, sur la poussière du chemin, rayonnent d'une merveilleuse beauté, aperçus sous l'étincellement de la lumière orientale, dans la magie de son ciel et la gloire de son soleil.

Ces principes de toute beauté, de toute vie, air, jour et soleil, comme s'il ne suffisait pas que déjà les hommes des villes, dans leur folie et leur cupidité, les aient exclus de leurs demeures, ou distribués comme à regret, et à prix d'argent, les mêmes hommes se sont encore

(1) A titre d'exemple, considérer les frises du Parthénon, tombées dans les caves du British Muséum !

acharnés à les proscrire de tous les coins de la terre où leurs architectes, leurs ingénieurs, leurs mandarins diplômés et leurs administrations, ont étendu la main, c'est-à-dire partout. Partout, aujourd'hui, nous assistons navrés et impuissants, au déchaînement de cette démence d'enlaidir, comme à plaisir, de corrompre, de souiller, de détruire tout ce que la nature avait créé pour la joie de nos yeux, la paix de nos cœurs et la satisfaction de nos âmes. Parlerai-je de la tristesse et de l'émotion poignantes, que nous éprouvons à trouver installés, après quelques années d'absence, des hauts fourneaux et tout un enfer de tapage et de feu, dans un site jusque-là paisible, solitaire et ombragé ? Cette surprise tragique, nous l'avons ressentie par un soir d'hiver au ciel embrumé se traînant glacial sur la terre blanche de neige. En déplacement chez des amis, une erreur de correspondance nous avait forcé de quitter le train à la station d'un village peu éloigné de leur habitation. Pays légèrement montagneux, aux sommets couverts de bois, comme des pèlerines sur leurs épaules. Souvent, la poursuite d'un lièvre ou d'un chevreuil, derrière les chiens courants, nous avait conduit dans ces parages retirés, sauvages et silencieux, que seuls troublaient par hasard le hourvari de la chasse ou le fusil du chasseur. Et le soir d'automne alors tombait là, comme le voile recueilli de la nature veuve et dépouillée. Quelques années à peine, et voilà que le long de cette route où la bête des forêts, traquée, faisait de si jolis bonds dans sa fourrure fauve, de petites maisons s'alignaient à la file, dans leur vilain uniforme de briques noircies : des cités ouvrières! Cette route envahie par les ombres de la nuit, par laquelle, jadis, on descendait fatigué de la bonne et saine course du jour, que seuls les fourneaux des pipes piquaient d'une lumière fugitive et vacillante, cette route nous lançait aux yeux les gerbes éblouissantes de ses ampoules électriques ! Et voilà que du fond de ces ravins autrefois endormis dans les palpitations douces de l'heure tardive qui sollicite le sommeil et l'oubli, monte la rumeur sourde des foules ou des ruches en travail. Le feu, la flamme jaillissent de toutes parts comme un incendie ; l'équipe de nuit est en sueur dans la forge ; du talus qui domine les bâtiments à claire-voie, on aperçoit l'ombre active des hommes nus autour des fleuves rouges, dévorants et sinistres, dont la lueur s'étend au loin sur la campagne, la campagne outragée, violée, immobile et désolée, les yeux clos sous son linceul de neige.

Rien n'est plus profondément triste et affligeant que de pareils spectacles, que d'assister à ces « conquêtes de l'homme », qui sont des ravages et des dévastations. Mais cela, c'est la force des choses, et rien ne peut plus empêcher la houille de remonter du fond de la terre comme une écume, de reparaître au jour dans les pays miniers, de tout noyer, de tout noircir dans les fumées et les scories. Mais les arbres, pourquoi les couper, pouquoi salir, empoisonner l'eau pure et claire des ruisseaux ? Pourquoi barrer la vue et cacher les horizons par des inventions de carnaval, derrière les palissades, les calicots enluminés, à seule fin de nous forcer à lire le nom de quelque empoisonneur public, pressé d'écouler sa marchandise ? Et des Sociétés se sont fondées, depuis peu, pour instruire le public de ce qui se passait, pour attirer son attention distraite sur des actes de vandalisme qui se commettent chaque jour, et au grand jour, impunément, pour mettre un terme à des abus de plus en plus intolérables. Telles la *Ligue contre la Pollution des Rivières, Canaux et Etangs de France*, la *Société des Amis des Arbres*, l'*Association des Cités-Jardins de France*, la *Société pour la Protection des Paysages de France*, la *Société pour la Conservation et la Création des Espaces libres à Paris*, le *Touring-Club*. Toutes ces Sociétés amies se sont fondées dans un même sentiment de patriotisme éclairé, de culte pour la beauté divine et humaine. Elles se sont élevées pour résister aux entreprises systématiques et criminelles de l'administration française contre l'hygiène et la vie des individus, aussi bien que contre les beautés naturelles de ce pays magnifique entre tous. Elles ont voulu préserver les trésors d'art, en nombre infini, qui embellissent le territoire de la France, jalonnent toutes ses routes de souvenirs historiques, séculaires et glorieux, et témoignent à chaque pas de la valeur et du génie de sa race.

C'est encore le fondateur de la *Société d'Art populaire et d'Hygiène*, Jean Lahor, qui, le premier, conçut l'idée de la *Société pour la Protection des Paysages de France*, fondée le 1er Juillet 1901. « La *Société*, dit la circulaire de fondation, fait appel à tous ceux qui estiment que, pour assurer à notre pays la conservation de son patrimoine esthétique, il est nécessaire de commencer par la défense de ses beautés naturelles.

« L'action de la Société intéresse donc tous ceux qui ne voient pas sans émotion les atteintes graves portées aux beaux sites, souvent sans utilité réelle : elle intéresse particulièrement les artistes et les touristes. Il convient de mentionner, à un autre point de vue, que les beautés naturelles sont presque toujours une source de richesse pour les régions qui les possèdent, et qui bénéficient de l'affluence de leurs admirateurs. » Cette remarque est fort juste, et nous verrons avec quelle habileté et quelle méthode le *Touring-Club* s'en est inspiré, pour seconder dans toute la France des *Syndicats d'initiative*, où sont entrés avec empressement les hôteliers. Car la bicyclette d'abord, et l'automobile ensuite, mettent en route tout un monde autrefois casanier, clientèle imprévue qui repousse peu à peu au bout des tables d'hôte, la vulgarité bavarde du commis voyageur, jusque-là seul et triomphant.

La *Société pour la Protection des Paysages* mène un combat acharné contre les destructeurs d'arbres, les démolisseurs de vieilles portes et des vénérables remparts, aussi bien que contre les infatigables restaurateurs de ruines; elle lutte non seulement par son *Bulletin trimestriel*, mais surtout par la campagne de l'un de ses membres les plus compétents et les mieux informés. Chaque semaine, M. André Hallays, dans le *Journal des Débats*, publie un feuilleton : *En Flânant*. Cette flânerie nous paraît singulièrement active et accélérée, car du Nord au Sud, et de l'Est à l'Ouest, un conseil municipal ne peut émettre un vote incongru, un agent-voyer tracer une voie impie, un architecte départemental préparer des échafaudages suspects, sans que sa vigilance soit mise en éveil, et que sa plume ne commence la défense ou l'attaque.

L'on peut voir par les lignes suivantes, que nous citons à titre d'exemple, avec quelle ardeur et quelle indignation M. Hallays sait exprimer ses sentiments, au spectacle affligeant que donne Paris :

« Paris, dit-il (1), n'est plus qu'un chantier de démolition. De toutes parts, on jette par terre d'admirables architectures, on rase ou l'on défigure des édifices pittoresques, on disperse de précieux souvenirs. Jamais on ne vit pareille fureur de vandalisme.

« Afin d'ouvrir le boulevard Raspail entre la rue du Cherche-Midi et la rue de Rennes, on détruit des hôtels d'une beauté incomparable dont les portes et les façades étaient ornées de magnifiques sculptures. Pour épargner ces chefs-d'œuvre, il eût suffi d'infléchir de trois ou quatre mètres le tracé du boulevard. Naturellement, pas un ingénieur n'y a pensé et, quand la commission du Vieux-Paris a demandé qu'on revisât sur ce point le plan de la voie nouvelle : « Les alignements sont pris », a répondu M. Bouvard. Songez donc, un boulevard qui n'eût pas été absolument rectiligne !

« Derrière une maison de la rue Chanoinesse (n° 18) s'élève une tour du quinzième siècle qu'on a surnommée la Tour de Dagobert. De la plate-forme de cette tour, on jouit d'une vue merveilleuse sur Notre-Dame, et on ne soupçonne point la beauté de la cathédrale de Paris

(1) Feuilleton du *Journal des Débats* du 21 Février 1908.

si l'on n'a pas, de cet endroit, contemplé la masse de ses architectures se dressant au-dessus des toitures des maisons de la rue Chanoinesse et de la rue du Cloître-Notre-Dame. La Tour de Dagobert faisait partie des magasins d'un quincaillier. Mais on y laissait entrer les curieux et les artistes. Le propriétaire de l'immeuble vient de le vendre à une Compagnie d'électricité qui rasera tout pour établir à cette place une station électrique. Il est inutile de dire que la Ville de Paris n'a rien fait pour sauver la Tour.

« Au coin de la rue Gay-Lussac et de la rue Saint-Jacques, on achève la démolition du couvent des dames de Saint-Michel, l'ancienne Visitation du faubourg Saint-Jacques. Ces terrains ont été achetés par l'État et la Ville pour y créer des annexes de la Faculté des Sciences. Il eût donc été facile d'utiliser quelques-uns des bâtiments anciens, peut-être de respecter la belle façade de Mansart qui regardait les jardins, au moins de conserver quelques vestiges du vieux monastère. On détruit tout. La façade de Mansart est déjà à demi démolie. Le petit oratoire du jardin est debout... pour quelques jours ; il sera rasé et l'on crèvera à coups de pioche la voûte que recouvrent des peintures du dix-septième siècle un peu altérées, mais encore pleines de vie et de caractère. La chapelle bâtie sous Louis XVI, et sur laquelle s'acharnent les démolisseurs, présente pour le moment l'aspect d'une ruine d'Hubert Robert : ses superbes colonnes corinthiennes supportant encore des fragments de corniche, se dressent au milieu des décombres de la coupole effondrée. Au spectacle de cette stupide barbarie on ne peut réprimer un mouvement de colère ; car cette chapelle était une œuvre d'art de grand mérite et rien, rien n'empêchait qu'elle fût respectée. Si on l'eût voulu, ce charmant édifice aurait pu servir de vestibule aux bâtiments que l'on doit construire en arrière. La Commission du Vieux-Paris l'a réclamé. « La chapelle n'est pas à l'alignement de la rue Saint-Jacques », a répondu M. Bouvard.

« On nous reproche souvent de vouloir, pour l'amour de l'art et du pittoresque, sacrifier à l'archéologie « le développement de la capitale ». Ce n'est point vrai. Nous demandons simplement que l'on garde, pour en faire la parure de la ville moderne, les œuvres du passé dont la destruction n'est pas indispensable, et cela, on nous le refuse toujours, toujours, sous d'ineptes prétextes d'alignement. »

Les reproches que fait M. Hallays à l'administration ne sont que trop fondés. La beauté de Paris compromise, inquiète jusqu'à... Francfort. « Où sont, demande la *Gazette* de cette ville, dans un article récent intitulé : *Die Schönheit von Paris*, où sont les architectes des

Bourbons, ceux des deux Empires, ceux mêmes des dix premières années de la troisième République ? Ces architectes avaient le sens de l'harmonie, des justes proportions et de l'unité de style. Ils comprenaient la nécessité de subordonner les édifices privés aux monuments publics, de mesurer la hauteur des constructions à la largeur des rues, de ne point barioler d'ornements disparates des façades voisines. C'est ce goût sage et discret qui donnait à Paris sa beauté et en faisait une ville unique au monde. Cette tradition est aujourd'hui perdue. De tous côtés s'élèvent des bâtisses colossales, pesantes et surchargées de reliefs menaçants. Non loin du Louvre, une carcasse métallique déshonore la Seine. Près des Tuileries, on bâtit sur les toits, malgré les servitudes qui semblaient protéger la rue de Rivoli. Des immeubles géants dominent les maisons de la place de l'Étoile qu'on avait pris soin d'assujettir à un plan régulier. Le quartier de l'Opéra ne date pas de trente ans, et l'ensemble architectural en est déjà gâté par des étages supplémentaires établis en surplomb. Dans beaucoup de cas, les pouvoirs auraient le droit d'intervenir ; mais l'État s'en remet à la Ville et la Ville ne s'en occupe pas. Avant peu, la beauté de Paris ne sera plus qu'un mot, une légende, un souvenir. Elle était faite de mesure et d'harmonie ; elle achèvera de sombrer sous le chaos des styles, les excès du faux luxe, la profusion des sculptures inutiles, des nudités prétendues artistiques et des autres agréments superflus. »

Une leçon de bon goût venant de Francfort ! Puisse-t-elle faire réfléchir à Paris !

Hâtons-nous, au moins, d'enregistrer les résultats obtenus grâce aux efforts de la *Société de Protection du Paysage*. L'on doit considérer comme un bon signe et une victoire véritable, le projet de loi que M. Beauquier, député du Doubs et président de la *Société*, a préparé et se propose de défendre à la Chambre en vue de réglementer l'affichage (1). Espérons que nos regards seront ainsi soustraits à cette insulte permanente qui se dresse le long des voies de chemins de fer, hurle sur le pignon des maisons dans les villes, s'accroche au dos des rochers dans les endroits les plus pittoresques, et déshonore toutes les contrées où éclate son bariolage.

Nous nous plaisons à constater ici, une fois, de plus, les bons effets de l'initiative individuelle, et à marquer un progrès très sérieux, très significatif et très intéressant, opéré dans cette voie en France depuis un petit nombre d'années. Le temps n'est pas loin où l'on aurait pu, où l'on pouvait commettre les plus impardonnables sacrilèges esthétiques sur

(1) En Suisse, une loi du canton de Vaud donne au Conseil d'État le droit d'interdire et de faire enlever, s'il y a lieu, par voie administrative, toute affiche qui gâte un paysage. Même disposition dans les Grisons.

notre territoire, sans que personne s'avisât de penser qu'il était possible et légitime de s'y opposer. N'avions-nous pas des institutions de l'Etat pour veiller : Architectes diplômés, inspecteurs des beaux-arts patentés, commissions désignées ? Nos monuments historiques n'étaient-ils pas inventoriés, classés par des pouvoirs compétents ? Les « pouvoirs compétents », ce sont eux qui s'intitulent de la sorte. Trop longtemps on les a crus sur parole. Mais l'illusion est tombée, Dieu merci, et ils n'en imposent plus à personne. Ce n'est pas que nous élevions le moindre doute sur les connaissances et le bon goût des hommes appelés à ces honorables fonctions, mais du jour où ils sont pris dans l'engrenage administratif, ils cessent d'exister comme individus. Ils prennent l'état d'esprit du corps constitué qui les absorbe. C'est ce que le docteur Le Bon a si bien fait ressortir dans son étude sur la *Psychologie des Foules*, et c'est ce phénomène qui produit ce qu'on appelle l'« esprit militaire » dans les régiments, l'« esprit du Palais » dans la magistrature, l'« esprit parlementaire » dans les assemblées de députés, etc. Les gens qui font partie de la grande administration de l'Etat, en suivent bientôt les errements coutumiers, en contractent ses vices et ses habitudes paperassières ; leur ardeur primitive s'éteint, s'endort dans les cartons avec leurs rapports, sombre dans l'ennui et l'indifférence faite d'impuissance et d'irresponsabilité (1).

Quel heureux symptôme, que l'on commence en France, à s'apercevoir de ces vérités, et à comprendre que le premier pas vers la sagesse, pour les particuliers, est la méfiance de l'Etat ! La formation des Sociétés dont nous parlons eût été impossible, naguère encore; aujourd'hui celles-ci groupent autour d'elles de nombreux adhérents, elles manifestent à toute occasion leur vitalité, elles représentent dans l'Etat une volonté assez énergique pour contre-balancer sa puissance ou vaincre sa force d'inertie, au moins pour abaisser ses prétentions et l'amener à composition.

(1) Voici un exemple typique pris précisément dans l'ordre d'idées qui nous intéresse. (Nous l'empruntons au *Journal des Débats* du 25 Avril 1908, dans la série d'articles de M. PAWLOWSKI sur la *Crise des Forêts.*)

« Dès 1841, un homme d'un génie prévoyant, Alexandre Surell, ingénieur à Embrun, frappé des ravages incessants causés, chaque hiver, par les torrents alpestres, formulait, dans un ouvrage devenu célèbre, le principe des dangers du déboisement.

Surell, au mal, indiquait un remède. Il réclamait la formation d'une zone de défense végétale, propre à étouffer sous ses fourrés les eaux de ruissellement. Les pouvoirs publics s'émurent, mais la machine administrative est lente à se mettre en mouvement, il fallut les inondations de 1856, lesquelles, dans le val de la Loire, causèrent 172 millions de dégâts, dévastèrent les rives du Rhône, pour que l'appel de Surell fût enfin entendu. »

Cependant, les lois protectrices ne furent promulguées qu'en 1860 et 1864, *vingt-trois ans* après que le cri d'alarme eut été poussé.

CHAPITRE II

SOCIÉTÉ POUR LA CONSERVATION ET LA CRÉATION DES ESPACES LIBRES A PARIS (1)

SOMMAIRE : I. — Les espaces libres et la criminalité. — Les espaces libres et la tuberculose. — Infériorité de la ville de Paris. — Les grandes villes en Angleterre, en Amérique, en Allemagne. — Paris sans air. — Inquiétude de l'opinion publique.

II. — La question des fortifications. — M. d'Andigné et son *Rapport*. — Les projets de M. Hénard, du *Touring-Club*, de M. Bonvalot. — M. Caillaux et M. de Souza. — A qui restera la victoire ?

I

La *Société pour la Conservation des Espaces libres à Paris*, s'est constituée uniquement pour parer au péril que fait courir à la population parisienne la grande bataille où sont engagés les deux monstres dévorants qui s'appellent

(1) *Rapport sur la désaffectation des fortifications de la Ville de Paris*, présenté par M. d'ANDIGNÉ, conseiller municipal. — Publications de MM. HÉNARD et FORESTIER sur les *Parcs et les Jardins dans les grandes villes*. — Articles de M. Robert DE SOUZA dans la *France de Demain* et dans le *Bulletin de la Société pour la Protection des Paysages de France*, de M. HALAYE dans le *Journal des Débats*. — Conférences de M. G. BENOIT-LÉVY.

l'*Etat* et la *Ville de Paris*. Leur proie est la démolition décidée des fortifications.

Les espaces libres ! Nos lecteurs savent tout ce qu'il faut entendre par là, de bienfaits dans la vie des hommes et des enfants, pour la santé des individus, pour la préservation de la race. Avec la santé c'est la beauté, c'est la force et le courage dans le travail, c'est la fortune ou l'aisance dans la famille prospère, libérée des vices et de ses tares, des maladies avec tout leur cortège de misères, de ruines et de laideurs. Dans une conférence prononcée au Musée Social, M. G. Benoît-Lévy nous citait des statistiques bien intéressantes sous ce rapport. L'on a constaté en Amérique, à New-York, que la criminalité juvénile avait baissé de 50 % dans les quartiers bien pourvus d'espaces libres. Est-ce pour la même cause, en sens inverse, que cette même criminalité juvénile prend à Paris et en France des proportions dont s'alarment les spécialistes les plus autorisés (1) ? Il se pourrait. Tout s'enchaîne et s'explique à merveille. Ne savons-nous pas que, le plus souvent, ces jeunes criminels, ces jeunes prostituées, sont des dégénérés ? Ne savons-nous pas de science certaine que la source la plus commune de cette dégénérescence, c'est l'alcoolisme du père, de la mère ? Si vous

(1) Voy. à ce sujet les nombreuses études publiées par M. Henri JOLY.

ajoutez à cette sorte de prédestination toutes les tentations de la rue, pour des enfants abandonnés tout le jour à leurs mauvais instincts et à la contagion du mal, vous faites de l'élevage pour le bagne et les prisons avec autant de certitude que le savant compose ses bouillons de culture pour la multiplication du microbe de la rage ou de la diphtérie. Et au contraire, par les distractions saines que vous mettez à la portée de l'enfance, de la jeunesse, par la proximité de terrains de jeux où ils prennent leurs ébats et fatiguent leurs muscles, vous les préservez et vous les fortifiez à la fois. Vous élevez des hommes au lieu de préparer des criminels.

Nous avons dit aussi, ailleurs, combien de recrues fait la tuberculose parmi les alcooliques, et que l'extension prise par ces deux plaies de notre race en décroissance, est en raison directe de l'entassement des hommes dans les villes surpeuplées, où manque l'air respirable. Parmi toutes les notabilités accourues au premier appel de M. Bonvalot pour former un *Comité pour la Conservation et la Création des Espaces libres* (1), on ne s'étonnera donc pas de rencontrer avec les noms du docteur Cazalis, président de la *Société internationale d'Art populaire et d'Hygiène*, de M. Beauquier, pré-

(1) Ce *Comité* a dernièrement transféré le lieu de ses réunions au Musée Social, où il fonctionne sous la présidence de M. Siegfried.

sident de la *Société pour la Protection des Paysages*, les noms du docteur Jacquet, vice-président de la *Ligue antialcoolique*, et du docteur Sersiron, secrétaire des *Ligues contre la Tuberculose*.

Mais, dans le débat qui s'ouvre, où vont se décider des questions d'une importance essentielle pour l'hygiène et la beauté de Paris, il est regrettable de constater l'état d'infériorité dans laquelle se trouve notre capitale, en comparaison d'un bon nombre des grandes villes de l'Europe et du monde transatlantique. Nos édiles devraient en rougir. Ils ne peuvent plus déguiser, ces élus de la démocratie, qu'au lieu de réserver ces intérêts démocratiques les plus évidents, ils ont croupi dans la routine et l'ignorance dont toutes les nations civilisées, même celles affligées des plus vieux régimes politiques, sont depuis longtemps sorties, à leur honneur et pour notre confusion. Que ce soient les plus jeunes démocraties du Nouveau monde ou les plus vieilles monarchies de l'Ancien continent, États-Unis d'Amérique, Angleterre ou Allemagne, toutes ont compris la nécessité, l'urgence de réserver des prises d'air dans les villes modernes, d'assurer la fonction de leurs poumons, de pallier au mieux, par des mesures sanitaires d'intérêt général, à ces invasions d'un nouveau genre formées de libres campagnards se ruant à la servitude urbaine.

Parlerons-nous de l'Amérique ? Mais l'on sait que ce pays a, pour ainsi dire, le monopole des conceptions heureuses et le génie du sens pratique pour faire entrer immédiatement, dans le domaine de la réalité, les idées les plus audacieuses et les plus coûteuses. « Baltimore, Cincinnati, Philadelphie, ont dépensé 56 millions pour l'aménagement d'espaces libres dans leurs enceintes. A Boston, chaque terrain de jeu est à moins de 800 mètres de distance du logis de l'enfant, et les jeunes gens sont à moins de 1,600 mètres des grands terrains de jeux. »

Sans reparler des essais de Cités-Jardins en Angleterre, nous citerons un court paragraphe que nous empruntons à la *Réforme Sociale* (16 Janvier 1908), et dont le titre porte : *La Verdure et les Espaces libres à Londres.*— « Les administrateurs de l'agglomération londonnienne donnent un excellent exemple en veillant à ménager, au milieu de cet interminable amas de bâtiments, des oasis de verdure et des espaces libres... Depuis bien des années, on ne crée plus de squares : on fait plutôt de vrais jardins, ou bien l'on s'occupe de mieux aménager les admirables parcs qui sont l'honneur de la capitale britannique. Les autorités publiques ont compris que c'est une question d'hygiène physique et d'hygiène morale de garder à la métropole un peu de verdure et d'air.

« Dès 1863, le *Gardens in Towns Protection*

Act a permis de sauver de l'envahissement des constructions les jardins particuliers. Trois ans plus tard, une loi nouvelle autorisait à garder pour l'usage du public les bois et les *commons* des environs de Londres. Un grand nombre d'*Open Spaces Acts* se sont succédé de 1877 à 1906, et maintenant le *London County Council* peut agir efficacement, avec les *Metropolitan Borough Council*. Ceux-ci ont converti 266 acres d'anciens squares en jardins publics ou terrains pour jeux. Et, depuis dix-huit ans qu'il existe, le *London County Council* a donné au public 60 *Open Spaces*, dont l'un (*Hainault Forest*) a 805 acres. En 1906, il avait à régir 110 parcs, jardins, cours d'églises et espaces libres, d'une contenance totale de 4,950 acres (1). »

D'après le Rapport de M. d'Andigné, Londres aurait plus de 500 terrains de jeux. On y délivre près de 25,000 permis de match, rien que pour le cricket et le foot-ball. L'on sait d'ailleurs que le peuple anglais est le peuple sportif par excellence, et cela ne lui réussit pas mal dans le monde.

L'Allemagne s'efforce dans le même sens. Les grandes villes y sont divisées en trois zones, la première, qui comprend l'ancienne ville, la seconde, qui l'avoisine, où l'on impose des

(1) Voir la publication du *London County Council : London Parks and Open Spaces*, et dans le *Nineteenth Century* de Déc. 1907 : *The Squares and Open Spaces of London*, par E. BERESFORD CHANCELLOR.

servitudes de hauteur aux nouvelles constructions, la troisième, enfin, repoussée à la périphérie, où les maisons doivent être entourées de jardins. C'est ainsi que l'on a procédé à Cologne, à Mannheim, à Francfort, dont les fortifications sont remplacées par des promenades autour de la vieille ville. « En France, dit M. Huret, dans son livre si bien documenté *En Allemagne*, en France, quand on démolit des remparts, on cherche immédiatement à faire de l'argent sur le prix des terrains ; en Allemagne, on pense tout de suite à y tracer des promenades, à y planter des arbres, et l'on bâtit plus loin. »

Au contraire, que voyons-nous qui se passe à Paris ? Il est inutile, pour des Parisiens, de s'en référer à des statistiques et de fouiller dans les archives. Il suffit d'ouvrir les yeux et de regarder. Nous tous qui parcourons nos rues, chaque jour, nous assistons navrés à la dévastation de tous les quartiers, les uns après les autres. Et les progrès, dans ce sens, vont avec une effroyable rapidité. Sans être encore bien vieux, nous nous rappelons le temps où l'avenue des Champs-Elysées montait jusqu'à la place de l'Etoile comme une allée de jardins, toute bordée de lilas et d'arbustes en fleurs, au printemps. Un peu partout, dans la ville, l'on avait la surprise charmante d'un buisson, d'un arbre, rompant la monotonie de la rue, et passant la tête par-dessus un mur, coin de verdure et de rosée, dans l'aridité des pierres, où les oiseaux s'abritaient pour chanter. Quelquefois c'était un véritable parc, ombragé, profond, silencieux sous sa végétation centenaire, enfermant une pièce d'eau où nageaient des cygnes, comme celui qui s'étendait autour de l'hôtel Pillet-Will, entre la rue Blanche et la rue de Clichy. A cette époque, encore proche de nous, le faubourg St-Germain était sillonné de ces hôtels somptueux que trahissait seule, sur la rue à demi déserte, la monumentale porte charretière. Parfois ses doubles vantaux s'ouvraient avec lenteur, devant une lourde voiture armoriée, et dans leur entrebâillement mesuré apparaissait la perspective lointaine de larges cours d'honneur et de vastes jardins. Il ne reste presque plus rien, hélas ! de ces grandes figures, vestiges à jamais disparus d'un autre âge, d'une autre France, d'une autre vie. Les vieilles marquises sont mortes, et leurs vieux arbres après elles. Ils sont tombés à leur tour, eux que le temps ne peut abattre, parce que la terre où ils avaient pris racine valait de l'or. Telle est leur cruel destin. Ils sont la dernière ressource des fils de famille. Déjà Mme de Sévigné se lamentait des massacres forestiers commis par son fils pour subvenir à ses folles dépenses.

Pourtant cette congestion des villes est-elle

un fait inéluctable, une force fatale des choses et d'un penchant universel ? Point du tout. En effet, dit M. R. de Souza, pendant ces dix dernières années, la population s'est accrue dans une proportion de :

37 % à Berlin
33 % à New-York
18 % à Londres
15 % à St-Pétersbourg

mais seulement de :

7,2 % à Paris.

Or, tandis que la moyenne générale des habitants par hectare est de :

250 pour Berlin
160 pour New-York
150 pour Londres
115 pour St-Pétersbourg,

elle est de :

324 pour Paris (1).

(1) Le très zélé conservateur des promenades de Paris, M. FORESTIER, a publié dans une instructive brochure, la richesse comparée des villes en *hectares de parc*. Voici comment Paris se classe :

	Habitants par hectare de parc
Boston	94,7
Saint-Paul	202,7
Washington	206,4
San-Francisco	214
Vienne	400
Saint-Louis	575
Philadelphie	799,7
Baltimore	872,1
New-York	943,6
Londres	1.031,5
New-Orléans	1.042,6
Chicago	1.210,3
PARIS	1.354,7

Comment donc Paris en est-il arrivé aujourd'hui à « occuper le dernier rang dans la voie du progrès matériel » (M. d'Andigné), à être « en retard sur presque toutes les grandes capitales » (Bonvalot) ? La raison en est simple, et M. d'Andigné l'a donnée dans son *Rapport*. Faute de plan d'ensemble, de mesure générale, « chaque fois que Paris a grandi son enceinte, chaque fois il a perdu une énorme quantité d'espaces libres ». D'après M. Hénard, il en résulte ceci : « dans l'enceinte du Paris de 1789, entre les boulevards extérieurs, les parcs et jardins avaient une superficie de 291 hectares ; en 1900, dans le même périmètre, ils n'en ont plus que 137 ».

Il ne faut pas croire encore que les grandes percées, les larges voies, comme on les a multipliées à Paris, depuis M. Haussmann, augmentent, en définitive, le réservoir d'air libre dans une ville. Par suite des expropriations, sans doute, l'on supprime quelques rues étroites, l'on démolit quelques vieilles maisons, mais l'on traverse aussi beaucoup de terrains vacants en cours et jardins. Non seulement ces terrains mis en bordure prennent une plus grande valeur et sont aussitôt convertis en terrains à bâtir, mais ces voies plus larges sont bordées de maisons plus hautes. En sorte que ce fait, paradoxale en apparence, est aujourd'hui reconnu, que « en multipliant les voies on ne dégage pas une ville, on la congestionne », à moins de réserver aux alentours des espaces libres suffisants.

C'est ce qu'ont su faire les municipalités des grandes villes à l'étranger ; et c'est à ce devoir essentiel qu'a manqué jusqu'ici notre édilité parisienne. Nous disons « jusqu'ici », car la question de savoir comment seront distribués, lotis, vendus ou réservés, les espaces libres des fortifications de Paris, cette question récente, si importante pour son avenir esthétique et sanitaire, semble avoir stimulé le zèle tardif du Conseil municipal, en même temps qu'il a pris conscience de sa responsabilité.

Et, fidèle à notre marotte, nous faisons remarquer une fois de plus, ici, toutes les vertus et toute la force d'une initiative individuelle concertée et organisée. L'observation que nous avons faite au sujet de la conservation des paysages en France, n'est pas moins vraie en ce qui concerne ce joyau précieux qui s'appelle Paris. Malgré l'existence et la compétence des bureaux, nous avons vu sa beauté artistique compromise à chaque instant par la pioche des démolisseurs, et la beauté de ses sites, l'élégance de ses lignes, la grâce de ses jardins, de plus en plus réduites par la truelle non moins néfaste de ses maçons. Tous ces actes de vandalisme s'accomplissaient jadis au grand jour, au milieu de l'indifférence générale. Aujourd'hui il n'en va plus de même. Pourquoi les journaux se sont-ils emparés de la question des fortifications pour leurs « faits du jour »? Pourquoi un courant d'opinion s'est-il formé ? Pourquoi le Conseil municipal s'inquiète-t-il et provoque-t-il, de l'un de ses membres les plus distingués, un *Rapport* qui l'instruit et sur lequel il discute ? Parce que les *Sociétés* que nous avons dites se sont formées, parce que par les Revues, les journaux qu'elles possèdent, les conférences qu'elles ont faites, elles ont éveillé l'intérêt du public jusque-là distrait et endormi. Maintenant il faut compter avec lui. Autrefois le Parisien aurait couru le risque d'apprendre un beau matin qu'il était gentiment emprisonné. La sage et maternelle administration à laquelle il confiait, aveugle, ses destinées, aurait supprimé en sourdine les milliers d'hectares en espaces libres répandus autour de sa zone militaire, et qui lui font office de poumons, qui lui sont comme des cheminées d'appel par où l'air pénètre jusqu'au sein de ses faubourgs et de ses rues. Elle aurait laissé construire sur ces terrains une décuple ceinture de maisons à sept étages ; aux habitants il en aurait coûté tous les inconvénients, toutes les maladies et toutes les disgrâces que nous avons énumérées, mais l'administration aurait garni son escarcelle par ce qu'elle est convenue d'appeler dans son langage optimiste « une bonne opération ».

Aujourd'hui tout le monde est sur le qui-vive, bien décidé à ne pas se laisser cuire à l'étouffé. Et il faudra bien que *Ville* ou *Etat* fassent au moins des concessions au contribuable debout, averti et défiant.

II

Il nous paraît inutile d'entrer dans la discussion qui s'élève entre l'État et la Ville à propos des fortifications considérées désormais comme indifférentes à la défense de Paris, et destinées à disparaître (1). Certains points de droit sont en litige. Est-ce à la *Ville* ou à l'*Etat*, que ces terrains doivent faire retour, et dans quelles proportions (2) ? Peu nous chaut. Ce qui nous importe, c'est le sort probable réservé aux diverses combinaisons projetées.

« De toute manière, la suppression de notre enceinte et la question urgente des espaces libres ne peuvent être résolues que par un plan d'ensemble. » Ceci est l'évidence même, et

(1) La loi de 1898 supprime tout le front ouest et nord jusqu'à la porte de Pantin, en attendant le déclassement total.

(2) La question se pose plus immédiatement à propos des terrains contigus au Bois de Boulogne. Voici la thèse soutenue par M. d'Andigné : « Les terrains du Bois de Boulogne ont été cédés à l'État pour une destination spéciale qui était la construction d'une enceinte fortifiée ; les terrains doivent donc faire retour au véritable propriétaire, du moment que la destination est changée et que cesse l'affectation des terrains à la défense militaire de Paris. La Ville de Paris, substituée à l'ancien propriétaire du Bois de Boulogne, qui était le roi Louis-Philippe, doit donc rentrer en possession de son bien.

l'opinion qu'exprime en ces termes M. de Souza n'est que l'écho du sentiment général.

M. d'Andigné, dans son *Rapport* si clair et si documenté, a invoqué l'exemple des grandes villes de l'étranger, de Vienne, en particulier. Elle aussi a supprimé, en 1864, ses anciennes fortifications, et son Conseil municipal sut se mettre d'accord avec l'État, pour les remplacer par la Ringstrasse, cette splendide avenue qui fait aujourd'hui le tour de la ville intérieure sur une étendue de quatre kilomètres, et ouvre de si belles perspectives entre ses bouquets de verdure.

Le *Touring-Club* (1), faisant valoir toutes les raisons d'hygiène, de santé et de moralité publiques, que nous avons nous-mêmes exposées au début de cette étude, a réclamé l'aménagement en espaces libres de la totalité des terrains occupés par les fortifications.

D'accord avec l'*Association des Cités-Jardins de France*, M. E. Hénard a conçu un ingénieux projet d'ensemble, dont nous avons vu le plan que M. G. Benoît-Lévy conserve par devers lui. Une chaussée large de 18 mètres remplacerait l'ancien boulevard militaire. De la sorte, la façade des constructions en bordure, au lieu de se présenter en ligne droite, formerait une succession de lignes brisées dessinant des triangles que l'on réserverait en espaces libres,

(1) *Revue mensuelle* de Juillet et Octobre 1907.

et au milieu desquels des arbres seraient plantés. En outre, de 2,000 en 2,000 mètres, douze parcs de neuf à douze hectares chacun seraient aménagés « formant sur un long parcours des stations d'air et de repos, et qui seraient comme les fleurons de cette immense couronne de verdure ».

Moins ambitieux que le *Touring-Club* et que M. Hénard, MM. Bonvalot et Ch. Beauquier réduisent la prétention de leur projet à quatre grands parcs jetés aux quatre points cardinaux de la circonférence formée par la ligne fortifiée. « Ils seraient désignés sous les noms de Parc de Clignancourt, Parc de Bagnolet, Parc d'Ivry et Parc de Vaugirard, auraient des surfaces variant entre neuf et trente hectares. Ils seraient comparables aux grands jardins actuels, Tuileries ou Luxembourg, et seraient tous plus grands que le Parc Monceau qui n'a que huit hectares de superficie (1). »

Que fera l'État de ces vastes projets ? Le sait-il lui-même ?

Il est à craindre qu'il n'apporte, dans la question qui nous intéresse, ses détestables habitudes d'atermoiements et de demi-mesures. On peut prévoir que la lutte sera chaude. Mais en attendant le déclassement total des fortifica-

(1) *Projet de quatre nouveaux Parcs à Paris*, par MM. G. BONVALOT... et Ch. BEAUQUIER..., Mars 1907. (Comité des Espaces libres.)

tions *grande mortalis ævi spatium*, la désaffectation partielle de la partie comprise entre la basse Seine et la porte de Villiers est imminente. Ce premier tournoi entre la Ville de Paris et l'État, justifie toutes les craintes pour l'avenir, car, en ce qui concerne cette question, non seulement l'État entend s'emparer des espaces libres comprenant les bastions et les fossés, pour les vendre comme terrains à bâtir, mais il prétend ne pas même respecter les arbres du Bois de Boulogne. En vain, le Ministre des Finances, M. Caillaux, s'en est-il défendu par des paroles qu'il eût voulu rendre rassurantes, mais où la menace perçait malgré lui (1) : « Je reprendrai le projet de loi que j'ai déposé en 1902, a-t-il dit. *Je demande seulement à mes collègues de ne pas se laisser impressionner par une campagne de presse* dont s'étaient peut-être trop émus quelques-uns de mes prédécesseurs, et qui consiste à reprocher au Gouvernement et à la Chambre de vouloir faire déboiser une partie du Bois de Boulogne. *Cette campagne ne doit ni nous faire hésiter ni nous arrêter, car nous n'avons en aucune façon l'intention de mutiler le Bois de Boulogne.* » A cette affirmation de M. le Ministre des Finances, on pourrait objecter déjà que l'État n'avait pas non plus l'*intention* de mutiler les arbres sur l'Esplanade des Invalides, lors que fut établie la

(1) *Chambre des Députés.* Séance du 16 Décembre 1906.

gare du quai d'Orsay — la déclaration formelle en avait été faite — et que *cependant* plusieurs centaines de ces arbres furent abattus. Mais il est absolument faux, en outre, que l'opération projetée ne porte aucune atteinte à l'intégrité du Bois de Boulogne. « Tous les plans de lotissement, dit M. de Souza, qui ont été établis, aboutissent à l'allée en plein bois dénommée « Allée des Fortifications ». Seulement on joue sur les mots. Les terrains qui vont jusqu'à cette allée sont compris dans la *zone militaire*, ils ont beau être boisés, ils ne font pas partie du Bois administrativement... Il n'en est pas moins vrai que sans l'écran de leurs pentes ombragées, le Bois aura l'air d'avoir perdu plus du double des vingt-cinq hectares réels que cet écran représente... Sans cet écran, les promeneurs seront offusqués d'immeubles plongeant comme dans un square. » Cette hypothèse inadmissible est cependant admise et résolue en secret dans les Conseils de l'administration.

Nous entendons bien que l'État est possédé d'une soif inextinguible d'argent, et que le Pactole entier pourrait s'écouler dans le désert de ses caisses sans jamais les remplir. Il pourrait, il devrait faire des sacrifices, comme les pays étrangers s'y sont résolus ; la beauté de Paris, la santé, la vie et la moralité de trois millions et demi d'habitants en valent la peine, mais ces sacrifices, on ne les lui demande même pas. On le supplie seulement d'attendre un peu, de faire quelque crédit. L'on a calculé qu'en ménageant des espaces libres, en louant les terrains de jeux, en concédant des emplacements à toutes les Sociétés de sports, aux cafés et restaurants divers qui ne manqueraient pas de les briguer et de s'y établir, l'État ne ferait pas dans l'avenir une mauvaise opération financière. Le Bois de Boulogne, à lui seul, ne rapporte-t-il pas à la Ville plus de sept cent mille francs(1)? Pour donner satisfaction à l'opinion publique et remplir son devoir strict de bon administrateur, l'État n'aurait donc qu'à gérer le nouveau capital qui lui tombe du ciel par la grâce et le perfectionnement des armes modernes, en père de famille prévoyant et avisé, et non pas en dissipateur étourdi et inconsidéré. Peut-être saura-t-on l'y contraindre.

(1) *Note* de M. BARRAS, citée dans le *Rapport* de M. D'ANDIGNÉ ; observations de M. BONVALOT ; étude de M. SAINT-VALÉRY, dans le *Bulletin de la Chambre des Propriétaires*, du 16 Nov. 1907.

CHAPITRE III

LE TOURING-CLUB (1)

SOMMAIRE : Initiatives du *Touring-Club.* — Syndicats d'hôteliers et Syndicats d'initiatives. — Les routes et le paysage. — Le tourisme intelligent. — Le *Comité des Sites et Monuments pittoresques.* — La protection de la beauté en France conférences. — La dévastation de nos forêts. Mouvement de réaction. — *Criez haut pour la Forêt* : — *La Commission des Pelouses et Forêts* : conférences, sociétés scolaires pastorales forestières, fêtes de l'Arbre. — Le Manuel de l'Arbre. — Le patriotisme du *Touring-Club.*

Nous avons eu l'occasion, à plusieurs reprises, de saluer en passant le pavillon du *Touring-Club.* Mais cette institution, d'un genre nouveau en France, mérite un plus sérieux examen, par les nombreuses initiatives, toutes heureuses, qu'elle a su prendre, et qui font le plus grand honneur à la bonne entente de son organisation comme à sa direction.

Le *Touring-Club* est connu de tous pour un club sportif dont on rencontre à chaque tournant de route les secourables avertissements,

(1) Publications du TOURING-CLUB DE FRANCE : *Revue mensuelle du Touring-Club de France. — Conférences sur le Déboisement. — Conférence sur la Protection des Sites et Monuments de France. — Manuel de l'Arbre.*

tel un ange tutélaire aux abords des sombres abîmes : *Cyclistes, Ralentissez* ! *Tournant Dangereux* ! *Descente Rapide* ! Et ses plaques indicatrices sont estimées à leur juste valeur. Plus d'un a payé de sa vie ses folles infractions à des avertissements qui, pour ne pas avoir la force exécutoire d'une ordonnance de police, ne sont cependant pas toujours impunément violés. Mais ce que l'on sait moins, c'est la façon singulièrement louable dont cette Société a compris ses devoirs et ses fonctions, jusqu'à les porter à la hauteur du patriotisme le plus éclairé et le mieux entendu.

Le *Touring-Club* ne s'est pas contenté de faire bénéficier ses membres de tous les menus avantages dont les touristes peuvent être susceptibles de profiter, au cours de leurs pérégrinations, dans leurs rapports avec les hôteliers, les Compagnies de chemins de fer et les agents d'administrations diverses, plus ou moins rébarbatives à leur ordinaire. Il a été bien au-delà. Son heureuse direction, en effet, ayant bientôt attiré à elle un nombre d'adhérents toujours croissant (1), elle a profité de la très légitime autorité que confère à toute collectivité nombreuse un groupement bien compris et bien ordonné, pour faire les tentatives les plus heureuses et obtenir les résultats les plus intéressants. En quelques années, elle est arrivée à

(1) Plus de 100.000 membres en 1907.

triompher en France de routines séculaires et invétérées. Par son action incessante et le rayonnement de ses comités et délégués régionaux, elle a su convaincre les hôteliers que la détestable et universelle réputation de leurs maisons vieilles, sales, tristes et misérables, repoussait les voyageurs à leur grand détriment. Elle a su les persuader que la France était le plus beau pays du monde et que, par conséquent, ils pourraient faire fortune si, après avoir nettoyé, rajeuni leurs hôtelleries en les mettant en mesure de satisfaire au goût du jour et aux exigences de l'hygiène et du confortable moderne, ils s'occupaient en outre d'attirer les touristes en portant à leur connaissance toutes les beautés naturelles, toutes les curiosités historiques, archéologiques, artistiques, dont leur pays est plein, et dont on peut dire qu'aucune région n'est totalement dépourvue. C'est ainsi qu'une très grande amélioration s'est produite dans l'aspect et la tenue de la plupart des hôtels, et même des auberges de France, et que furent fondés un peu partout des Syndicats d'initiative, formés par les hommes les plus intelligents des contrées diverses. De proche en proche, une sorte d'émulation s'est produite (1), et ce fut à celui

(1) La collection en 33 volumes des *Sites et Monuments de France*, publiée par le *Touring-Club*, a été couronnée par l'Académie française.

qui trouverait les formules d'annonces les plus heureuses, qui rédigerait les meilleures notices, dessinerait les cartes les plus commodes, collectionnerait les plus séduisants clichés photographiques, publierait les brochures les plus intéressantes. Et de la sorte, peut se dresser dans un pays l'inventaire général de ses beautés, pour le plus grand profit de sa gloire et de ses intérêts matériels (1).

A l'autorité du nombre, le *Touring-Club* ajouta, comme corollaire tout naturel et forcé, l'influence et la puissance que donnent la fortune, l'argent. De là, ses dépenses pour l'entretien ou même la création de certaines routes, de passages ou de sentiers dans la montagne, son appui très efficace auprès des Syndicats d'initiative, ses concours d'hôteliers et ses récompenses à ceux-là d'entre eux qui savent le mieux s'inspirer de ses idées progressives et réformatrices. De là, enfin, ses publications

(1) Dans le même numéro de la *Revue mensuelle du Touring-Club de France*, nous relevons les indications suivantes. Elles feront apprécier le zèle de ces Comités :

Syndicat d'initiative de Clermont-Ferrand et de l'Auvergne. — Le Syndicat vient de publier une carte routière de l'Auvergne..., etc.

Comité local d'initiative du centre de Tourisme de Quillan (Aude). — Le Comité vient de créer un nouveau sentier qui facilitera l'accès de la Croix de Couirou, monument qui a toute une histoire..., etc.

Société pour la défense des intérêts de Cette. — Notre délégué (du T.-C.) nous a informé que la Société a fait disparaître le danger qui existait pour la circulation du pont de Lapeyrade..., etc.

Syndicat d'Initiative d'Annecy. — Le Syndicat nous prie de rappeler qu'il organise chaque année, jusqu'au 15 Septembre, de très nombreuses excursions en cars alpins..., etc.

Etc., etc.

diverses et son concours à tout espèces d'entreprises utiles au développement du tourisme sous ses diverses formes.

Le Comité directeur a su comprendre tout ce que cette idée de « tourisme » enfermait en elle de réelle vertu, pour un peuple comme le nôtre, jusqu'ici trop sédentaire et casanier. Il a su, et c'est, à notre sens, son plus grand mérite, le plus rare et le plus original, il a su concevoir ses fonctions autrement que comme une entreprise commerciale, et comprendre le « tourisme » autrement que comme une agitation inutile, un plaisir de gens fortunés et oisifs, à la recherche de distractions agréables, mais stériles et vaines. En favorisant ce goût moderne, il a su le diriger dans le sens où il devient une occasion précieuse de s'instruire pour les intelligences cultivées, pour tous les Français d'aimer davantage une aussi belle patrie, et pour tous les étrangers de porter la France plus haut dans leur admiration et leur estime.

Imbu d'idées aussi saines, le *Touring-Club* n'a pas marchandé son concours aux Sociétés protectrices de nos paysages menacés dans leur beauté, de nos monuments historiques compromis dans leur existence même, et, en 1904, il a créé dans ses services un *Comité des Sites et Monuments pittoresques*. Parmi ses membres, nous rencontrons plus d'un nom connu de nos lecteurs : M. Beauquier, le docteur Cazalis, MM. André Hallays, de Souza. Arrivé à la quatrième année de son existence, les sommes dépensées par ce Comité pour la protection des sites, ne montent pas à moins de 66.000 francs. Fidèle au sens pratique et aux bonnes habitudes d'ordre du Comité directeur, le Comité de Paris s'empressa de décentraliser ses fonctions et de créer des Comités départementaux, à l'effet « d'établir l'inventaire des beautés naturelles de leurs régions respectives dignes d'être protégées, et de veiller ensuite à leur conservation » (1). Mais s'il est excellent de faire appel à l'initiative privée, il n'est pas moins bon de la régler, de la diriger, surtout lorsque l'on vise à produire un effet d'ensemble portant sur un objet bien déterminé, mais dont les articles de même ordre se trouvent disséminés sur un vaste territoire. Aussi fut-il envoyé à chacun de ces Comités régionaux une notice explicative imprimée, parfaitement nette, exposant le but poursuivi par le *Touring-Club*, les attributions et le fonctionnement de ces Comités, leur organisation intérieure et les idées directrices dont ils devaient s'inspirer : « le respect de la beauté des sites et de leur carac-

(1) Le *Touring-Club*, dans une récente publication due à la plume de M. Marius VACHON, membre de son Comité des Sites, *Le Mont Saint-Michel et le Touring-Club*, broch. in-4°, vient encore d'apporter sa très utile contribution à l'étude d'une question qui passionne tous les Français jaloux de la sauvegarde des richesses artistiques et des beautés nationales.

tère ». Et afin de donner au travail toute l'unité, toute la clarté désirable, des instructions complémentaires furent envoyées pour que le même ordre et le même système fussent suivis dans les classements prescrits, les mêmes signes conventionnels adoptés, les mêmes cartes employées, etc.

Malgré l'excellence de ces dispositions, le *Touring-Club* a compris aussi que ses efforts seraient, en grande partie, perdus contre l'indifférente inertie de certaines administrations, et l'activité dévastatrice de certaines autres (1), s'il ne pouvait s'appuyer sur l'opinion publique, la grande force, de nos jours, celle contre laquelle on résiste malaisément. Et pour émouvoir et instruire ce public, il eut encore l'ingénieuse idée de demander à l'un de ses membres, M. Louis Farges, la rédaction d'une sorte de conférence type (2) qu'il fit imprimer et répandre à un grand nombre d'exemplaires. Chacun, selon la région qu'il habite, peut reproduire le principal de cette conférence, en y ajoutant des faits se rattachant de façon plus intime à sa localité ou à ses environs. Des clichés sur verre sont envoyés, à la demande, pour illustrer la conférence de projections plus démonstratives et plus convaincantes, des périls à conjurer.

(1) « Il y aurait un livre à écrire sur le « sabotage » des villes de France par les municipalités. » (A. HALLAYS.)

(2) *Conférence sur la Protection des Sites et Monuments de France* — Au Siège social du T.-C.

« Pour ceux qui, depuis plusieurs années, écrit M. André Hallays (1), suivent au jour le jour l'histoire du vandalisme, elle est mélancolique, la lecture de cette conférence. Voici la liste bien longue — et elle est loin d'être complète — de tous les méfaits que nous avons été impuissants à empêcher : les remparts gallo-romains de Sens abattus, la promenade des Platanes à Perpignan rasée, la porte de France à Bayonne jetée par terre, les remparts d'Avignon ébréchés en plusieurs places, Saint-Évremont de Creil détruit, l'Hôtel-Dieu de Chartres et Saint-Corneille de Compiègne sacrifiés à l'alignement, le pont de Cahors démoli, l'abside de la cathédrale de Cavaillon enlaidie par des supports de fils électriques, la vieille chapelle et le château de Bressuire défigurés par la construction d'un abattoir, l'abreuvoir de Marly saccagé par un architecte, la loge de Perpignan et le bureau des finances de Rouen déshonorés par des installations commerciales, Cadillac transformé en prison de femmes, Fontevrault en maison centrale, Villers-Cotterets en dépôt de mendicité, d'innombrables monuments admirables par leur architecture, respectables par leurs souvenirs, souillés par les affiches et les réclames...

(1) *En Flânant.* Feuilleton du *Journal des Débats* du 17 Janvier 1908.

« En regard de toutes ces dévastations, M. Farges a vite fait d'énumérer nos victoires : le château de Maisons acheté par l'État, le château de Najac acquis par un particulier, la maison de la rue Saint-Romain, à Rouen, provisoirement préservée, la maison d'Ozé protégée contre la sauvage municipalité d'Alençon, l'hôpital de Tonnerre sauvé par une souscription publique... Et si, des monuments nous passions aux paysages, le bilan serait encore plus décourageant.

« La sottise et l'inutilité de tant de destructions sont si évidentes, il en résulte pour les villes et pour la France elle-même un dommage si manifeste qu'on espère, malgré tout, une revanche du bon sens. Si jamais elle se produit, l'honneur en reviendra pour une large part au Touring-Club. »

Cependant parmi toutes les belles choses qui sollicitent la malfaisance de l'homme civilisé, une surtout a le don d'éveiller et d'exaspérer ses instincts de destruction. Cette chose vivante et belle entre toutes, cet être, pour mieux dire, qui participe si directement à la vie individuelle de l'homme dans sa propriété particulière, à sa vie collective dans la ville ou le village, à sa vie sociale dans la forêt lointaine et profonde, c'est l'arbre. Par les bienfaits multiples qu'il répand autour de son ombrage, étendant ses bras comme un geste de bénédiction sur le sol qu'il protège et vivifie, il mérite la vénération de tous les hommes. Ce n'est qu'à leur corps défendant qu'ils devraient porter la cognée dans ses flancs séculaires et nobles, et pourtant c'est avec une joie sacrilège et barbare que, partout en France, se pratiquent des hécatombes désastreuses. Partout où l'arbre disparaît, le désert s'installe. M. Farges a parfaitement résumé, dans un passage de sa conférence, les sentiments et les raisons qui devraient s'opposer à de semblables massacres. « Rien ne peut vivre, en effet, dit-il, sur le roc ou le sable. Rien n'y pousse et rien n'y donne au regard ce repos qui est un apaisement de l'esprit. Et cependant à nulle autre époque nous n'en avons plus eu besoin. Pour calmer nos nerfs, nos nerfs qui commandent en somme à nos muscles, à notre sang, à nos organes ; pour réparer les pertes causées à la machine humaine par la tension perpétuelle et le surmenage de la vie moderne, il nous faut du grand air et de la verdure. Et c'est le moment que l'on choisit à la fois pour rendre nos villes ennuyeuses par l'uniformité et l'enlaidissement méthodique, pour supprimer autour d'elles les espaces libres, pour détruire sans mesure les forêts et les prairies ! On ne menace plus seulement les revenus que tirait de son sol et de son climat merveilleux *le plus beau royaume sous le ciel* : on s'attaque à son capital le plus sûr et le plus difficile à reconstituer : la santé de ses enfants. »

Est-ce parce que le mal est parvenu à son apogée, ou bien commençons-nous à voir les résultats de la campagne entreprise, mais l'on ne peut nier que l'opinion publique ne s'émeuve de la disparition de nos forêts, de cette guerre « de l'arbre ».

Longue est la liste des Sociétés qu'un même souci a constituées, toutes actives et agissantes. L'on peut citer la *Société d'Etudes de la Loire et du Sud-Ouest navigables*, le *Club Alpin*, la *Société des Amis des Arbres et du Reboisement des Alpes-Maritimes*, fondée en 1891 par le docteur Jeannel, ancien pharmacien en chef de l'armée de Metz. Elle compte aujourd'hui 1.200 membres et a pour objet « la propagande des arbres, leur plantation, le développement de la production fruitière ». Elle organise des conférences et répand ses publications. A Paris, la *Société forestière française des Amis des Arbres*, s'est constituée à son image, en 1894. Elle siège au *Touring-Club* et compte plusieurs filiales ou sections : en Lorraine à Nancy, en Haute-Savoie à Annecy, en Auvergne à Clermont, en Bourgogne à Dijon, etc. Plusieurs villes possèdent une Société des Amis des Arbres : Toulouse, Limoges, Grenoble. L'Algérie a sa *Ligue du Reboisement*. Les Pyrénées sont bien défendues par l'*Association pour l'Aménagement des Montagnes.* Plus que tout autre contrée elles ont besoin de ce secours, car elles sont mangées, à la lettre, par les troupeaux de moutons. La lutte est d'autant plus difficile que leurs pasteurs ne veulent rien entendre ; ces derniers sont nombreux, et leur titre d'électeurs les rend une puissance redoutable dans un pays ravagé par le suffrage universel comme les montagnes par les quadrupèdes fourchus. « On laisse toute licence au pasteur, dit M. Pawlowski (1), parce qu'il est conseiller municipal, grand électeur. Non seulement il vote, mais il fait voter ; plus encore, il tient les urnes. C'est lui qui fabrique les conseillers généraux, les députés, les sénateurs.

« Et le fait est si vrai que dès qu'un député pyrénéen s'est montré favorable à l'aménagement des montagnes, le pasteur l'a immédiatement cassé aux gages.

« Dans nombre de communes des Alpes et des Pyrénées, la désorganisation des forêts de montagnes est due à la corruption électorale. »

Cependant il est à signaler que plusieurs conseils municipaux et conseils généraux en France, ont émis des votes ou des vœux favo-

(1) Nous avons emprunté ces détails, et ceux qui précèdent, à ses intéressantes études publiées dans le *Journal des Débats*, Avril-Mai 1908.

rables à la conservation des forêts ou au reboisement du sol.

Le Journal (1) a prêté ses colonnes à de vigoureux articles de M. Pierre Baudin, portant à leur front ces titres énergiques : *Sous la Hache. Loi de Salut public. Criez haut pour la Forêt.* Emouvant réquisitoire par un ancien ministre, contre d'intolérables abus, la complicité criminelle d'un gouvernement aux abois et en mal d'argent, et la faiblesse complaisante d'une administration anarchique. « Les craquements des arbres, écrit M. Baudin, l'écroulement de la forêt, crient le déclin de la terre et la vocation de la race aux rapides déchéances physiques et morales par quoi se rompt la nature de ceux qui n'ont pas su défendre son équilibre et sa beauté.

« Le vandalisme, organisé en sociétés anonymes et protégé par la loi, s'attaque aux plus petits domaines comme aux plus grands. Le bilan de sa dévastation est déjà énorme. Il enregistre les plus beaux noms de France : Marchenoir, Amboise (2), mais il contient

(1) Numéros des 8, 15, 22 Février 1908.

(2) « *Forêt d'Amboise.* — M. de Souza a le regret d'annoncer la vente, moyennant 5.000.000, à la Cie Bernheim, pour l'exploiter, de la majeure partie de la forêt d'Amboise ; seulement, un riche amateur, M. Hirsch, a pu sauver 1.200 hectares pour les conserver. » (*Bulletin de la Société pour la Protection des Paysages de France,* 15 Octobre 1908.)

aussi une liste infiniment longue de petits noms sans gloire.

« En quelques années, plus de 123.000 (*cent vingt-trois mille*) hectares de bois ont été vendus et exécutés sous la hache, dans l'Est.

« Dans le Centre, dans le Morvan, les hobereaux, gaspilleurs de fortunes, ne résistent point aux offres des traitants, qui viennent la poche pleine et qui paient comptant.

« Dans le haut Morvan (bassin de la Seine), M. Lebaudy a déboisé d'un seul coup 8,000 hectares. Et notez que le Code forestier prescrit des sanctions pénales contre les coupes blanches. M. Lebaudy a été condamné à 1.000 francs d'amende! Je gage qu'il les a payés sans amertume (1). »

Et après d'autres exemples semblables, restés impunis, M. Baudin ajoute cette observation cruelle. « *Il y a toujours quelqu'un, en France, pour s'interposer entre la loi et ceux qui la violent.* » (*Sous la Hache.*)

Dans un autre article (*Criez haut pour la Forêt*), notre auteur signale des scandales encore pires, car c'est la main de l'étranger qui vient chez nous couper nos arbres.

« La forêt d'Eu, la forêt d'Aumale, qui appartiennent encore aux princes d'Orléans,

(1) Voy. encore l'article de M. de KIRWAN, inspecteur des Forêts en retraite, dans le *Correspondant* du 10 Octobre 1908 : *La « Déforestation » et les moyens de la conjurer.*

sont convoitées par des Syndicats. Il n'y a plus du reste, en France, une forêt de quelque valeur qui ne soit en ce moment l'objet de tentatives d'acquisition en vue de coupe blanche.

« Un trait particulier de ces combinaisons financières si menaçantes pour nos bois, est vraiment humiliant pour nous. C'est qu'elles sont l'œuvre d'étrangers à qui elles sont impossibles dans leur propre pays.

« La forêt de Marchenoir, une des plus belles de France, est maintenant entre les mains d'une Société dont le fondateur est un Allemand, directeur d'une banque de Darmstadt. J'ai sous les yeux les noms des autres administrateurs. Il s'y trouve cependant un nom français qui rappelle les admirables parcs de La Muette. Singulière rencontre !

« Des Belges opèrent aussi chez nous, alors que la Belgique fait entrer dans le domaine de l'Etat des étendues considérables de bois qu'elle ne peut sauver autrement de la destruction. »

Nous entendons une plainte analogue dans le *Bulletin de la Société pour la Protection des Paysages de France*, du 15 Octobre 1908.

AURILLAC. — *Les forêts du Cantal.*— « La forêt du Bois-Noir, près du Lioran, une vieille et légendaire forêt aux gigantesques sapins barbus, vient de disparaître sous la cognée d'étrangers. La bande N... et Cie, de Nancy, ayant achevé de ravager nos départements de l'Est, vient d'acheter dans l'arrondissement de Muria, la forêt des Gravières, près de Lanobre, la forêt d'Algères sur le territoire de Riom-ès-Montagnes, la forêt de Saint-Amandin, qui appartenait à la marquise de Castellane. *Ces forêts vont être coupées à ras, puis expédiées en Allemagne.* La main-d'œuvre sera fournie par des équipes d'ouvriers italiens et autres étrangers. »

De semblables révélations ne sont-elles pas navrantes ? Elles montrent l'urgence d'une action énergique et persévérante. Celle-ci ne pouvait pas mieux être entreprise que de la façon dont le *Touring-Club* l'a entendue. Il ne s'est pas contenté de prendre l'initiative d'un projet de loi destiné à rendre les dispositions du Code forestier plus sévères et plus impératives, il a suivi la même méthode que dans l'organisation de son *Comité des Sites et Monuments pittoresques.* La question forestière lui étant apparue comme essentielle, il l'a détachée d'abord pour en faire l'objet d'une Commission spéciale, la *Commission des Pelouses et Forêts.* Cette « Commission » n'a rien de commun avec ses sœurs du Parlement, car elle n'a pas tardé à manifester son activité et son zèle. Sur le modèle de la conférence-type en vue de la « Protection des Sites » préparée par M. Louis Farges, et visant le même but, elle a rédigé une *Conférence sur le Déboisement, la Restauration et la Mise en Valeur des Terrains en Montagne.* Les trop graves et fréquents cataclysmes causés par les inondations et les avalanches dont nous sommes de plus en plus fréquemment témoins, en France, ne donnent que trop beau jeu au conférencier pour démontrer de quelle utilité est la forêt. Elle est le grand régulateur des saisons avec leurs alternatives de pluies et de sécheresse, puisque par l'humus de son sol elle fait éponge ; c'est-à-dire qu'elle retient les eaux de pluies et de la fonte des neiges en hiver, tandis qu'elle conserve leur humidité fraîche en été, alimentant des sources constantes et bienfaisantes, tandis que les terrains dénudés ne donnent naissance qu'à des torrents tantôt furieux et dévastateurs, et tantôt à sec.

L'on peut aussi agrémenter ces conférences de projections photographiques.

La *Commission des Pelouses et Forêts,* « dont le but est de pousser, par tous les moyens, à l'augmentation de notre domaine forestier, et de veiller à la conservation des bois et forêts actuellement existants, ne ménage pas ses encouragements aux initiatives désintéressées qui entreprennent des travaux de reboisement et d'amélioration pastorale. Sous son active impulsion, de nombreuses *Sociétés scolaires pastorales forestières* ont été créées, et, chaque année, des *Fêtes de l'Arbre* organisées ».

Des *Sociétés scolaires* ! Voilà ce que le *Touring-Club* a très bien discerné : la nécessité de pénétrer jusqu'aux couches profondes de la population. N'est-ce pas, en effet, pour la plupart d'entre nous, de la petite somme de suggestions reçues dès l'enfance, que se font plus tard l'ordre et la direction de nos idées ? Pour que le propriétaire, le fermier, résiste au désir d'empocher le prix de son bois, pour que le paysan ne permette pas à ses chèvres et à ses moutons — les plus grands ennemis de la végétation — de manger les jeunes pousses et de raviner le sol avec leurs pieds pointus, il faut qu'ils aient été élevés dans le respect et avec l'amour de l'arbre, dès l'école.

C'est donc en vue des écoliers, que la *Commission des Pelouses et Forêts* a édité un *Manuel de l'Arbre* et un *Tableau mural* « représentant, sous une forme saisissante, les bienfaits des pelouses et des forêts et les désastres causés par leur destruction ». Ce tableau composé d'images destinées à frapper l'imagination des enfants, porte inscrit en lettres grasses des *Paroles à Retenir*, qui ne doivent jamais s'effacer de leur mémoire. C'est le mot de Colbert : « La France périra faute de bois » ;

la pensée de Châteaubriand : « Partout où les arbres ont disparu, l'homme a été puni de son imprévoyance » ; le dilemme de Jules Maistre : « L'ennemi de toutes nos cultures c'est la sécheresse. Et quelle est la cause de la sécheresse ? Le déboisement. » Etc.

Le *Manuel de l'Arbre pour l'Enseignement sylvo-pastoral dans les Ecoles*, rédigé par un inspecteur des Eaux et Forêts, M. E. Cardot, est un élégant album in-4° de cent pages, illustré d'un grand nombre de reproductions photographiques, véritables paysages tous marqués au coin du meilleur goût et du sens le plus fin des beautés naturelles. Son aspect est des plus séduisants, et jamais un élève ni un maître ne s'ennuieront à le feuilleter. Par une gradation très bien conduite, l'enfant passe de l'*Arbre au Village* à l'*Arbre dans la Campagne*. En effet, ceux-ci il est tout disposé à les aimer, puisqu'ils partagent sa vie et ses premières émotions de petit campagnard. De là on l'entraîne dans la forêt, puis, plus loin, à la montagne, dont les images du livre, bien choisies, lui montrent l'aspect désolé après la coupe « à blanc », ou les belles cascades jaillissantes et les routes ombreuses pleines de charme, lorsque les arbres les recouvrent de leur feuillage touffu. Et alors seulement on lui apprend les dangers qui menacent ces beautés et ces richesses : les coupes exagérées, l'invasion des troupeaux, etc., et aussi comment on répare et l'on restaure. C'est une encyclopédie complète, présentée à de jeunes intelligences sous la forme la plus attrayante et la plus facile.

M. A. Ballif, l'éminent Président du *Touring-Club*, annonce dans une note liminaire, que sur ses instances « le Ministre de l'Instruction publique et le Ministre de l'Agriculture ont, en Février 1906, adressé des instructions à leur personnel respectif pour que les « instituteurs soient mis à même, après entente avec les agents des Eaux et Forêts, de donner des notions d'économie forestière et pastorale à leurs élèves ».

Puis il ajoute :

« En leur fournissant ainsi un moyen de répandre parmi ces générations le culte de l'arbre, d'éveiller de bonne heure l'attention de l'enfant sur les bienfaits de la forêt, par laquelle le climat se fait plus clément, le cours d'eau plus régulier, l'herbe elle-même plus fraîche et meilleure nourricière des troupeaux, la montagne plus pittoresque et la plaine plus riante, le *Touring-Club* demeure fidèle à son but qui est de conserver et d'accroître sans cesse, dans l'intérêt du tourisme, notre patrimoine de richesses et de beautés naturelles.

« Puissent ceux qui liront ce livre s'inspirer de son esprit et en réaliser la pensée ! »

D'ici à quelque temps, par les soins et la munificence du *Touring-Club*, les quelque trente-six mille écoles de France seront dotées du *Manuel de l'Arbre* et du *Tableau mural*.

Cette diffusion contribuera à la réalisation du vœu que formulait si éloquemment M. Jean Canora, dans sa conférence faite à la dernière Assemblée générale de la *Société pour la Protection des Paysages* (25 Mars 1908) : « Le sens de la beauté sous toutes ses formes, disait-il, sous tous ses aspects, pourvu qu'il soit contenu dans l'âme par la force directrice de la raison, est le plus admirable moyen de perfectionnement moral et mental. Et si nous pouvons faire comprendre un jour aux instituteurs de nos écoles, pour qu'ils l'enseignent à nos enfants de France, le grand enchantement de la terre ; aux fils des montagnards la beauté tutélaire des arbres qui protègent leurs vallées et maintiennent intactes leurs sources ; aux fils des marins la splendeur infinie de la mer ; aux fils des ouvriers les trésors d'art que renferme leur ville, nous aurons créé entre les classes, entre les races, entre les individus, cette atmosphère de bonne volonté, d'intelligence supérieure qui facilitera sans violence une plus équitable répartition des tâches et des joies, nous aurons fait prédominer les plaisirs supérieurs sur les inférieurs, nous aurons tué ce paradoxe momentané, qu'il importe de vivre par les sens avec le plus d'intensité possible et de vitesse, pour vivre heureux, et de considérer la possession de l'or comme le but essentiel de l'activité individuelle. »

Le *Touring-Club* aura donc puissamment aidé à la diffusion de ces grandes et saines idées. Ainsi se trouvent assez justifiées, nous semble-t-il, les mots de « patriotisme » et de « sentiments patriotiques », dont nous nous sommes servi en exposant la genèse de cette puissante Société. Il n'est pas exagéré de dire qu'elle est de celles qui font grand honneur à la France et à la capacité d'organisation des Français. Elle peut servir de modèle et d'exemple à toutes celles dont les membres comptent davantage, pour réaliser les réformes nécessaires, sur leur initiative propre et leur énergie personnelle, que sur la mise en œuvre des rouages compliqués d'un État pléthorique et surmené.

FIN

TABLE DES MATIÈRES

CHAPITRE III

LES SOCIÉTÉS DE CONSTRUCTION A BON MARCHÉ

A. — *Les Maisons collectives.*

CHAPITRE IV

LES SOCIÉTÉS DE CONSTRUCTION A BON MARCHÉ (*Suite*)

B. — *Les Maisons individuelles.*

LIVRE DEUXIÈME

Œuvres complémentaires des Sociétés d'Habitation à bon Marché

CHAPITRE PREMIER

LES SECOURS DE LOYER

CHAPITRE II

LA SOCIÉTÉ D'ART POPULAIRE ET D'HYGIÈNE

LIVRE TROISIÈME

Vers la Lumière et la Beauté. — Les Cités-Jardins en Angleterre

LIVRE QUATRIÈME

Les Jardins Ouvriers en France

LIVRE CINQUIÈME

Sociétés Diverses

CHAPITRE PREMIER

LA SOCIÉTÉ POUR LA PROTECTION DES PAYSAGES DE FRANCE

www.ingramcontent.com/pod-product-compliance
Ingram Content Group UK Ltd.
Pitfield, Milton Keynes, MK11 3LW, UK
UKHW012011240726
13965UKWH00002B/309